は じ め に

　2021年春の採用から，1953年以来続いてきた，経団連（日本経済団体連合会）の加盟企業を中心にした「就活に関するさまざまな規定事項」の規定が，事実上廃止されました。それまで卒業・修了年度に入る直前の3月以降になり，面接などの選考は6月であったものが，学生と企業の双方が活動を本格化させる時期が大幅にはやまることになりました。この動きは2022年春そして2023年春へと続いております。

　また新型コロナウイルス感染者の増加を受け，新卒採用の活動に対してオンラインによる説明会や選考を導入した企業が急速に増加しました。採用環境が大きく変化したことにより，どのような場面でも対応できる柔軟性，また非接触による仕事の増加により，傾聴力というものが新たに求められるようになりました。

　『会社別就職ハンドブックシリーズ』は，いわゆる「就活生向け人気企業ランキング」を中心に，当社が独自にセレクトした上場している一流・優良企業の就活対策本です。面接で聞かれた質問にはじまり，業界の最新情報，さらには上場企業の株主向け公開情報である有価証券報告書の分析など，企業の多角的な判断・研究材料をふんだんに盛り込みました。加えて，地方の優良といわれている企業もラインナップしています。

　思い込みや憧れだけをもってやみくもに受けるのではなく，必要な情報を収集し，冷静に対象企業を分析し，エントリーシート作成やそれに続く面接試験に臨んでいただければと思います。本書が，その一助となれば幸いです。

　この本を手に取られた方が，志望企業の内定を得て，輝かしい社会人生活のスタートを切っていただけるよう，心より祈念いたします。

就職活動研究会

Contents

第1章

日清食品グループの会社概況

会社によって選考方法は千差万別。面接で問われる内容や採用スケジュールもバラバラだ。採用試験ひとつとってみても，その会社の社風が表れていると言っていいだろう。ここでは募集要項や面接内容について過去の事例を収録している。

また，志望する会社を数字の面からも多角的に研究することを心がけたい。

✔ 創業者精神

グループ理念の基となっているのが，創業者・安藤百福が掲げた4つの言葉。
この創業者精神は，変わることのない創業の価値観です。

食足世平　しょくそくせへい
食は人間の命を支える一番大切なもの。

文化も芸術も，すべては食が足りてこそ語れるものであり，

食のあり様が乱れると争いが起こります。

食が足りて初めて，世の中が平和になるのです。

私たちの事業は，人間の根源から出発しています。

食創為世　しょくそういせい
企業にとって最も大切な創造的精神。

創造とは，新しい発想と技術によって革新的な製品を生み出す力です。

食を創り，世の為につくす。

私たちは世の中に新しい食の文化を創造し，

人々に幸せと感動を提供します。

美健賢食　びけんけんしょく
空腹を満たし，味覚を満足させるだけではなく，

美しい体をつくり健康を維持することも，

食品のもつ大切な機能です。

美しく健康な体は賢い食生活から。

私たちは食の機能性を追求し，賢食を提唱します。

食為聖職　しょくいせいしょく
食は人々の生命の根源を支える仕事です。

食の仕事に携わる者は，

人々の健康と世界の平和に貢献していかなければなりません。

食の仕事は聖職なのです。

私たちは安全で美味しくて体にいい食品を世の中に提供していきます。

✔ 会社データ

設立年月	1948年9月4日
資本金	251億2200万円
代表者	代表取締役社長・CEO 安藤 宏基 代表取締役副社長・COO 安藤 徳隆
従業員数	15,227名 (連結)
決算期	3月
売上収益	6,692億円 (連結・2023年3月期通期)
営業利益	556億3600万円 (連結・2023年3月期通期)
親会社の所有者に帰属する当期利益	447億6000万円 (連結・2023年3月期通期)
事業内容	持株会社として、グループ全体の経営戦略の策定・推進、 グループ経営の監査、 その他経営管理など 1.即席麺の製造および販売 2.チルド食品の製造および販売 3.冷凍食品の製造および販売 4.菓子、シリアル食品の製造および販売 5.乳製品、清涼飲料、チルドデザート等の製造および販売
本社	東京本社 〒160-8524 東京都新宿区新宿6-28-1 TEL 03-3205-5111 (代表) 大阪本社 〒532-8524 大阪市淀川区西中島4-1-1 TEL 06-6305-7711 (代表)

✔ 仕事内容

ブランド・クリエーションコース

マーケティング

製品の企画立案を担当する部署。ハード設計からプロモーション戦略、販売戦略の立案に至るまで、関係各部署と協力しながら1つの製品が世に出るまでをリードする。

宣伝

ブランドコミュニケーション戦略の立案及び実行に携わり、TVCMやWEB広告などの各種媒体を用いてユニークなプロモーションを行い、世の中を沸かせる。

デザインルーム

国内外の製品パッケージデザインを中心に、店頭ポスターなどの販促物の制作。また社内報からVALUE REPORT（統合報告書）まで、コーポレートブランディングに携わるさまざまな制作物のデザインディレクションを手掛ける。

ビジネス・イノベーションコース

セールス

小売店や卸店などの取引先や消費者のニーズを捉え、製品のブランド価値を最大化するための販売施策を企画・実行していく。

財務経理

日清食品グループの資金や資本を司る「財務」の仕事と、グループおよび各社の経営状況を数字で表す「経理」の仕事を一手に担う。各部門 / グループ会社への積極的なサポート、IR活動を通じ企業価値向上に貢献する。

情報企画

デジタル技術を活用した施策提案、システムの導入から運用、サイバーセキュリティ対策、データサイエンスといったITに関する幅広い領域を一貫して担い、グループ全体のビジネスを支援する。

原料調達

消費者にお届けする製品を作るための、原材料を安定的に調達する。国内だけ

ではなく、海外事業会社の調達支援も行っている。

Ｒ＆Ｄコース

研究開発

即席麺、即席ライス、低温食品等の製品開発のほか、健康と栄養をテーマとした基礎研究にも携わり、未来に向けた新規技術を創出する。

包材開発

新製品の包材開発を中心に、未来に向けたサステナブルな包装形態の研究開発を行う。

安全研究

危害物質や衛生・劣化指標など食の安全に関わる分析、または食品中の栄養素など栄養・健康に関わる分析を通じた品質保証業務を行う。また、各種分析法の開発・改良や、調理や加工中に生成される化学物質の探索や安全性評価に関する研究を担う。

技術開発

新工場や新ラインの立ち上げプロジェクトのマネジメントや、設備機械の設計・開発を担う。

生産技術コース

生産技術

生産ラインでのオペレーションや機械のメンテナンスを通じて製品の安定供給に貢献するとともに、既存設備の改善提案を実施し最適化を行うことで、より安全で効率の良い製造体制を実現する。

✔ 先輩社員の声

「MADE IN JAPAN」の
おいしさで世界に幸せを届けたい

【日清食品株式会社 マーケティング部第 2G 主任／ 2010 年入社】
手を挙げた者にチャンスが広がる風土で、とことんやり尽くす。

「MADE IN JAPAN」を世界に届けたい。私たちの根源的な欲求に結びつき、日々
をポジティブな気持ちにさせる "食" に携わりたい──。日清食品を選んだ理由はそ
うした想いからでした。

入社して感じたのは、自ら考え、動く人にこそチャンスが広がる「手を挙げた者勝ち」
のカルチャーです。入社後配属された四国支店営業課では、小売店や卸店に向けた営
業活動を主な業務として 3 年間を過ごしました。特に新入社員の頃は、発注ミスや
見積もりミスなど考え得る限りの失敗をやり尽くしました。しかし、失敗すればする
ほど「次はこう変えよう」と「自分ごと」で考えられるようになりました。自分で気
づくプロセスが大事だと、周りが見守ってくれる環境がありました。担当の店舗に足
繁く通っていると、担当者から「この時期は、こういう製品が売れるよ」、「こんな陳
列にしたらどう？」とヒントをいただけるようになりました。こうした現場からの「生
声」をバイヤーとの商談で提案することで、小売店の売上アップに貢献することがで
きるようになりました。

マーケティング担当はチームを導く羅針盤

現在は、「どん兵衛」ブランドを中心に扱うマーケティング部第 2 グループに所属し
ています。これまでのキャリアを通じて感じてきた消費者にとっての課題から、新
製品プロジェクトを発足しました。企画立案から約 8 カ月かけ、「日清のあっさりお
だしがおいしいどん兵衛」の発売を実現しました。開発の背景にあったのは、50 ～
60 代のカップ麺離れでした。消費者調査で、既存の「どん兵衛」では、「量が多い」「味
が少し濃く感じる」という方もいらっしゃいました。この課題を解決する製品があれ
ば、「どん兵衛」ブランドが年齢を重ねても長く愛されることに繋がるのではないか
と考えました。

マーケティング部に求められるのは、課題とゴールをぶれずに持ち続ける姿勢です。
食品開発部やデザイナーといった他部門のスペシャリストたちとコンセプトを共有
し、開発を進めていきますが、試作品が最初の段階からイメージ通りになることはほ
とんどありません。そこからの議論で、いかにお互いの意見をすり合わせられるか
が、開発の成功のカギを握るのです。「もっと明るいデザインにしたい」、「もう少し
さっぱりとした味にしたい」など、主観的な感想をどう言語化するか、着任当初は特
に難しく感じました。こちらの意図は正確に伝えたいけれど、プロの的確な意見も尊
重して取り入れたい。その想いから、こちらから具体的な指示を出すのではなく、相
談しながら一緒に作り上げるという相互コミュニケーションを心掛けるようにしてい
ます。

これからも、取引先から頼られる
営業パーソンでありたい

【日清食品株式会社 京都オフィス／ 2016 年入】
現場の声を本社に伝え、信頼関係を築いていった

担当企業のバイヤーからどうすれば信頼して頂けるのかを考え、1 年目の頃は関係性を築くために、話題にあがったことにトライしてみることで、次回以降のコミュニケーションに活かすこともありました。「ラーメンが好き」と聞けば、自分もラーメンを食べて「このお店が美味しかったですよ」と話しました。もともと人と話すのが好きな性格のため、打ち解けた関係になることには時間はかからないことが多かったですが、シビアな商談になると話は別です。ビジネスパートナーとして有益な情報を届けられなければ、本当の信頼関係は築けません。そう学んでからは、店舗に足を運び、食品担当者から消費者の反応や売れ筋を聞いて、提案に反映させていくようにしました。

例えば、販促のチラシアイテムを選定する際に、「店舗ではカップヌードルの定番製品のほかに、こんな製品も動いています。一度、販促に入れて試してみませんか」と伝え、売上につなげていきます。同じ製品を同じ販促で毎月提案していくだけでは、取引先にとって価値のある営業パーソンとは言えません。足を使って、頭を使って得た情報を提供することで、取引先の方からも頻繁に連絡をくれるような関係になり、時には逆に提案を頂くことにもつながっていきます。

失敗しても、次の提案に向けて背中を押してくれた

2 年目には、初めてドラッグストアを担当することになり、責任感が増すとともに、より長期的な提案を求められるようになりました。通常は 1 ヵ月に 1 回の定期商談で取引先とコミュニケーションを取ることが多いですが、長期的な提案の際には長めのアポイントをとり、プレゼンという形で商談を行います。慣れないプレゼンのため、先輩が資料の作り方やデータの集め方を丁寧に教えてくれましたが、1 回目は全く提案が刺さらず、大失敗を経験しました。あまりの落ち込みぶりを心配した先輩が励まし会を開いてくれて、「次はここをこう変えよう」と提案を考え直すヒントをくれました。あたたかい職場環境に助けられ、翌日からは気持ちを切り替えて次の商談に向けて動き出し、何とか成功させることができました。

その取引先とは、陳列方法を評価する社内の「大陳コンテスト」にエントリーし、各店舗でどのような製品展開をするかを一緒に考案しました。女性の消費者が多く来店するドラッグストアだったため、女性をターゲットとした製品を選択し、各店舗の売り場担当者にはおすすめポイントを伝え、手書きの POP を作成頂く等、女性向けの売り場づくりにこだわったことで、好調な売上に繋がりました。

具材開発のプロとして
世界をリードしたい

【日清食品ホールディングス株式会社 食品開発室 主任／ 2014 年入社】
先輩社員の熱量と高い加工技術に惹かれた

大学時代は、発生生物学という基礎研究に没頭していました。しかし、成果がすぐに
見えにくい基礎研究よりも、目に見えるもの、手に取れるものを作る仕事の方が私に
は向いているのではないかと、研究開発職を志望しました。日清食品のイメージは、
「面白い製品を次々と生み出す、ユニークな会社」でした。就職活動で出会った社員は、
その期待を裏切らない熱量で、「そんな製品出せるの？」と思うような攻めた新製品
開発に全力を注いでいました。一見、不真面目なことを大真面目にやる、エネルギー
に満ちた姿勢に共感し、こんな社会人になりたいと思いました。

現在担当しているのは、カップ麺に入るエビや謎肉、卵、野菜などの乾燥具材の開発
です。新入社員研修で具材の奥深い世界を知って以来、具材開発一筋です。フリーズ
ドライやエアードライなどの加工技術を社内で研究している点にも惹かれました。日
清食品の加工技術を知れば知るほど「この素材でこんな具材も作れるのでは」と想像
が膨らんでいきました。製品の開発に携わるチームは麺、スープ、具材、包材と担当
グループが分かれていますが、同じ職場で日々仕事をしていますので、プライベート
でも年次を問わず楽しく交流する風土があり、入社時から気に入っています。

麺・スープとのバランスが取れた理想の具材を追求する

食品開発部の仕事には、マーケティング部からの依頼に応じた新具材の開発と、
100 種類以上ある既存具材の品質管理があります。開発の仕事は、マーケティング
部と新製品のターゲット層をすり合わせることからスタートします。開発の方針が定
まった後は、ラボに大量の食材を持ち込み、具材の試作をし、麺、スープ、包材の担
当者と協力して一つの製品にしていきます。麺やスープとのバランスも考慮しなくて
はいけませんし、味や栄養面で理想的な具材が完成しても、コストが見合わなければ
製品化には至りません。制限があるからこそ、各担当領域のプロたちと意見を交わす
過程がとても大切です。「スープで出せていないコクの部分を、具材でフォローして
は？」など、思わぬヒントから試作がうまく進むこともあり、製品が完成したときの
喜びもひとしおです。また、安全で安定した具材の品質を担保することも私たちの重
要な役割です。工場生産品の品質をチェックするために定期的に現場に赴くようにし
ています。資材部と連携しながら、協力工場の新規開拓、開発設備の立ち上げも担当
しています。コロナ禍でカップ麺の需要が伸びた際は、リモートでの海外工場立ち上
げを経験しました。

掲載している情報は過去ものです。
最新の情報は各企業のHP等を確認してください。

募集学科	全学部全学科
勤務地	日清食品グループ各社、国内・海外の各事業所
勤務時間	事務部門／9：00〜17：40（休憩時間：60分） 生産部門／8：00〜16：40（休憩時間：60分） （事務部門はコアタイムを定めないフレックスタイム制有） （生産部門は配属工場・製造ラインにより、夜間の交替勤務有）
初任給	大学卒　215,000円 修士了　230,000円
昇給	年1回（4月）
賞与	年2回（6・12月）
諸手当	住宅手当・家族手当・外勤手当・通勤交通費
休日休暇	週休2日制（土・日）、祝日、年末年始など 2021年度休日数122日、年次有給休暇（最高20日）
保険	健康、厚生年金、労災、雇用、団体生命、企業年金基金
施設	独身寮（東京・滋賀・静岡）、借上社宅
教育研修	新入社員集合研修、新入社員実務研修、2年次・3年次研修、管理職研修、選抜型研修、自由選択型通信教育、自己申告・キャリア申告制度、早期昇進制度、公的資格免許取得援助制度など
制度・福利厚生	共済会、従業員持株、財形貯蓄、住宅資金融資、昼食代補助、健康相談窓口、再検査費用補助、婦人科検診費用補助、クラブ活動補助

✔2023年の重要ニュース (出典:日本経済新聞)

■日清食品、カップヌードル値上げ 214円→236円に (2/6)

　日清食品は6日、カップヌードルやチキンラーメンなど主力のカップ麺や袋麺などを6月1日出荷分から値上げすると発表した。値上げ幅は希望小売価格で10～13%。レギュラーサイズのカップヌードルの希望小売価格（税別）は214円から236円に上げる。

　対象は全体の約8割にあたる約170品目。どん兵衛や出前一丁など主力ブランドの多くの商品で値上げする。袋麺のチキンラーメン（5食パック）の希望小売価格（税別）は615円から680円にする。

　カップヌードルなどの値上げは2022年6月以来で、2年連続の値上げとなる。スープに使う調味料や、即席麺の主原料である小麦などの原材料の価格が高騰しているため。エネルギーコストも上昇しており、価格転嫁を決めた。

■日清食品、ライオンのサプリメント事業を一部取得 (5/9)

　日清食品は9日、ライオンのサプリメント事業の一部を15億円で取得すると発表した。対象は内臓脂肪を減らすのを助ける機能性表示食品「ラクトフェリン」シリーズなど4製品で、2022年の売上高は約33億円。日清食品は11月に取得後、販売は自社で手掛け、生産は協力工場に委託する予定だ。

　日清食品は美容・健康増進に役立つ商品の品ぞろえラインアップを拡充する狙いだ。自社の通販サイトを定期的に利用する顧客層を広げて他の商品の販売拡大にもつなげたい考え。

■日清食品、JA全農と共同輸送 物流24年問題に対応 (10/31)

　日清食品と全国農業協同組合連合会（JA全農）は31日、共同輸送に取り組むと発表した。日清食品がカップライスの原材料として使う国産米と即席麺などを対象に、往路と復路で交互に運ぶ「ラウンド輸送」をする。食品業界で原材料と製品を扱う取引先同士での共同輸送はめずらしいという。

　まずは岩手―茨城間と福岡―山口間の2エリアで共同輸送を始める。取引先同士でサプライチェーン（供給網）の効率化に取り組むことで、トラック運転手の時間外労働の上限規制で人手不足が懸念される「2024年問題」に対応する。

日清食品は「カレーメシ」など即席カップライス製品を手掛けており、JA 全農から原材料となる国産米を調達している。輸送はルートに応じて、日清食品とJA 全農のそれぞれの物流グループ会社が担う。

福岡—山口間では、福岡にある JA 全農の精米工場から山口にある日清食品の生産工場に原料米を輸送した後、同工場で生産した即席食品を福岡の製品倉庫に運ぶ。空きパレットなどの物流資材を福岡に戻せることもあり、トラックの積載率は 9% 改善し CO_2 排出量が 17% 減る。ラウンド輸送の導入でトラック運転手の労働時間は 7% 減る。

日清食品の深井雅裕取締役は「他社製品との共同輸送の事例はあるが、原材料の取引先との連携は初めてで、加工食品業界ではめずらしい」と話す。原材料の取引先間での共同輸送ができればメーカーの物流効率化の選択肢が増える。日清食品と JA 全農は今後、鉄道・海上輸送や米以外の原材料でもラウンド輸送を検討する。

JA 全農の高尾雅之常務理事は「ラウンド輸送は物量が増えると効果も大きくなる。今後は他社との連携も検討していきたい」と話した。

■日清食品 HD、ブラジルに即席麺新工場　26 年稼働（12/6）

日清食品ホールディングス（HD）は 6 日、ブラジルに即席麺の新工場を建設すると発表した。約 315 億円を投資し、2026 年 3 月の稼働開始を予定する。ブラジルでは 3 カ所目の工場で、生産や配送効率を高めて事業を拡大する。

日清食品 HD はブラジルで袋麺やカップ麺を販売しており、即席麺市場シェアの約 7 割を占める。ブラジルでは袋麺が多いが、単価が高いカップ麺の製造を増やす。新工場でコロンビアやアルゼンチンへの輸出も拡大する。

✔2022年の重要ニュース _{（出典：日本経済新聞）}

■日清カップヌードル、6月から値上げ　3年ぶり（2/3）

　日清食品は3日、カップヌードルやチキンラーメンをはじめ主力のカップ麺や袋麺などを6月1日出荷分から値上げすると発表した。値上げ幅は希望小売価格で5〜12%。カップヌードルの値上げは2019年6月以来、3年ぶりとなる。即席麺の主原料である小麦や包材など原材料・資材が高騰しているうえ、物流費の上昇もあり価格転嫁を決めたとしている。

　対象は全体の約7割にあたる約180品目。カップヌードルに加えて、どん兵衛や出前一丁など主力ブランドの多くが値上げ対象となる。カップヌードルの希望小売価格（税別）はこれまでの193円から214円となる。

■日清食品とサッポロ、ビールと即席めんを共同配送（2/17）

　日清食品は17日、サッポロホールディングス傘下のサッポログループ物流（東京・渋谷）と、ビールと即席麺の共同配送を3月から始めると発表した。工場からの往路は商品を混載し、復路は空き容器やパレットを載せる。両社が個別に輸送した場合に比べ、トラックの使用台数は2割減り、二酸化炭素の排出量も年10トン削減できるという。

　3月2日から、日清食品とサッポロビールがそれぞれ工場を持つ静岡県焼津市と大阪府の間で共同配送を始める。ビールなどは重いため荷台に満載できず、荷台の上部にスペースができてしまっていた。そこに重量が軽い即席麺を載せ、効率化する。

　日清食品はアサヒグループホールディングス傘下のアサヒ飲料などと共同配送している。サッポロビールも他のビール大手3社と一部地域で共同配送している。

■日清食品　楽天と完全栄養食で協業、まず社員食堂向け（5/11）

　日清食品は11日、1食で必要な栄養素をバランス良くとれる「完全栄養食」で楽天グループと協業すると発表した。まず楽天の社員食堂に「完全栄養食」のメニューを導入するほか、ECモール「楽天市場」での「完全栄養食」の関連商品の販売などを想定する。ネット通販や保険など幅広い事業を展開する楽天と連携することで完全栄養食の普及につなげる。

　社員食堂での提供やEC展開に加えて、保険事業の利用者に対して病気の前段階である未病対策支援なども進める方針だ。提供するメニューなどは今後詰める。

日清食品の完全栄養食は、即席麺の製造で培った技術を活用し、カロリーと塩分、糖質、脂質を調整している。日本人に必要な33種類の栄養素をバランス良く取り入れた点が特徴。チャーハンやとんかつなど300種類以上のメニューを開発し、2022年度から定期宅配便や社員食堂での提供、小売り販売などを目指している。

■日清食品、33種の栄養素の「完全メシ」ブランド開始（5/16）

日清食品は16日、一日に必要な栄養素をバランスよく摂取できる即席米飯や即席麺などの販売を始めると発表した。食物繊維やカリウムなど33種類の栄養素が摂取できる点に加え、カロリーや塩分などを抑制するなど健康に配慮した。栄養とおいしさを両立する「完全メシ」ブランドとして展開し初年度に30億円、2023年度に100億円の売上高をめざす。

第1弾として30日から即席ライスの主力商品「日清カレーメシ」や即席麺の「日清ラ王」などのシリーズに「完全メシ」ブランドの商品を加える。「完全メシ　カレーメシ　欧風カレー」と「完全メシ　豚辛ラ王　油そば」の希望小売価格（税別）はそれぞれ398円。まずネット販売から始め、順次食品スーパーなどに販路を広げる。

日清食品は即席麺の製造で培った技術を活用し、カロリーと塩分、糖質、脂質を調整したほか、必要な33種類の栄養素をバランス良く取り入れた。同社は今後、冷凍食品や菓子などにも対象品目を広げる方針だ。

■茨城にカップヌードル工場　26年に稼働へ（10/28）

日清食品は28日、茨城県つくばみらい市の工業団地「圏央道インターパークつくばみらい」に、「カップヌードル」など即席麺の工場を建設すると明らかにした。国内最大規模の生産能力となる見通し。食物繊維やカリウムなど多様な栄養素をバランスよく摂取する「完全栄養食」など最新のフードテック分野の研究拠点も設ける方針。

茨城県はこのほど、日清食品など5社を同工業団地の立地企業に選んだ。日清食品の安藤徳隆社長は28日午前、茨城県の大井川和彦知事を表敬訪問し、新工場の概要を明らかにした。

土地面積は33ヘクタールで、取得費は約130億円。建屋などを含む総事業費は今後詰める。「カップヌードル」などの主力商品の販売が好調で、生産能力を引き上げる。2024年に着工し、26年の稼働を目指す。

安藤社長は「（日清食品にとって）国内最大規模の生産拠点の建設であり、最先端のフードテクノロジーの研究・開発を行う『フラッグシップ拠点』としても考えている」とコメントした。

■日清食HD、39%増益　巣ごもりで即席麺好調（5/11）

　日清食品ホールディングスが11日発表した2021年3月期の連結決算（国際会計基準）は純利益が前の期比39%増の408億円と最高益を更新した。巣ごもり需要を背景に国内外で即席麺などが伸び、スナック菓子大手湖池屋の子会社化も寄与した。同日、120億円を上限とする自社株買いも発表した。

　売上高にあたる売上収益は8%増の5061億円となった。カップ麺や袋麺に加え、「カレーメシ」などの即席ライス類も好調だった。海外でも外出自粛の流れが強まったことで中国大陸などで即席麺の販売が伸びた。

　カップヌードルが発売50周年を迎えることを受けて、21年4～9月期末に10円の記念配当を実施する方針を決定。22年3月期配当は130円（前期は120円）とする方針だ。

■カップヌードル、シールなしでフタ留め可能に　日清食品（6/4）

　日清食品は4日、主力商品「カップヌードル」の蓋を留めるシールを廃止すると発表した。プラスチック使用量を削減するのが目的だ。シールがなくても蓋を閉じることができるように、折り曲げる蓋の端の部分を従来の1カ所から2カ所に増やす。

　6月から順次、レギュラーサイズの商品を新容器に切り替える。プラスチック原料の使用量を年間33トン削減できるという。日清食品がカップヌードルを1971年に発売して以来、蓋の形を変えるのは今回が初めて。

　蓋を留めるシールは1984年から導入しており、容器の底部の包装フィルムに付けられている。ビッグサイズの商品は引き続き蓋を留めるシールの採用を続ける方針だが、消費者の反応を見た上で、蓋の変更を検討するとしている。

　日清食品ホールディングスは昨年、二酸化炭素（CO_2）や廃棄物の削減を目指す環境戦略を発表。プラスチックの使用量を減らすために、カップヌードルの容器でサトウキビ由来の植物性樹脂の利用を拡大するなど環境対応を進めている。

■日清食品「カップヌードル」世界500億食突破　発売50年（8/25）

　日清食品ホールディングス（HD）は25日、「カップヌードル」ブランド

の商品の世界累計販売数が500億食を突破したと発表した。カップヌードルは1971年の発売後、カップめんのトップブランドに成長し、現在では世界約100カ国で展開。国内では2020年度まで4年連続で過去最高の売上高を更新しているほか、海外では北中米やアジアなどエリアごとに市場や消費者の好みに合わせた商品を投入して販売数を伸ばしてきた。

　同日開いたオンライン会見で安藤宏基社長はカップヌードルについて「時代の要望に沿って進化し続ける」と述べ、データやデジタル技術で食を変える「フードテック」を活用した商品開発に力を入れる考えを示した。

■日清食品、調理ロボットベンチャーに出資　共同開発へ（9/7）

　日清食品ホールディングス（HD）は7日、調理用ロボット開発のTechMagic（テックマジック、東京・江東）に出資したと発表した。出資額は非公表。まず料理の盛り付け用ロボットを共同で開発する。将来的には調理から盛り付け、提供までを完全に自動化する「スマートキッチン」の実現を目指す。

　両社が共同で開発するのは、チンジャオロースなど様々な種類や形の肉や野菜が入った料理について、必要な分量を正確に判定して盛り付ける機能を持つロボット。消費者が摂取している栄養の量などをデータ化したうえ、それぞれの健康状態や目標に合わせたメニューを提案するサービスの開発も検討する。

　日清食品HDは、カップヌードルなどの商品開発で培った塩分やカロリーを減らす技術を活用し、1日に必要な栄養素をバランスよくとれる「完全栄養食」を軸とした新規事業を進めている。既にチャーハンやとんかつ、ナポリタンなど300種類以上のメニューを開発しており、2021年春から、完全栄養食のメニューを企業の社員食堂で提供する事業を始めたほか、22年春までには食事の定期宅配サービスにも参入する予定だ。

✔ 就活生情報

研究職希望の場合，過去の研究の背景や方法等も大事だが，常に「目的」を明確に意識したうえで，説明することを心がけましょう

総合職（R&Dコース）2020卒

エントリーシート

・形式：採用ホームページから記入
・内容：研究内容や学生時代の経験の他，「好き／嫌いな食べ物」，「あなたのすごい経験」，「ご自身の"クリエイター"度」等，珍しい項目もいくつかあった

セミナー

・一次面接の通過者限定で社員との交流会に招かれ，そこでより詳しい情報を得ることができた

筆記試験

・形式：Webテスト
・科目：SPI（数学，算数／国語，漢字／性格テスト）

面接（個人・集団）

・質問内容：研究職の面接だったので，大学院で行っている研究内容について詳しく聞かれた。また，長所短所といった一般的な質問の他に，最後にちょっとした自己PRのための時間が与えられた。すべての面接を通して，そこまで変わった質問は見受けられなかった。

内定

・通知方法：採用ホームページのマイページ

● その他受験者からのアドバイス

・研究職希望の場合，どこの会社に行っても研究内容の説明を求められるが，そこで特に大事なのは「目的」。背景や方法等も大事だが，目的は常に明確に意識したうえで説明することをおすすめする

面接では，表情豊かに話すことに注意し，少ない時間で自分自身の感情を相手に伝える努力をしました

技術系 2019卒

エントリーシート

・形式：マイページ上で
・内容：ゼミ・研究の内容，もしくは研究予定の内容，趣味と特技，自身のクリエイティブ度，あなたがとった行動で，大学時代一番の「勇気」，「今，世界中でこんなこと私しか考えていないだろう」と思うこと　等

セミナー

・選考には関係ないが，最終前に入社後のキャリアパス等の確認が行えるので非常に良かった
・内容：先輩社員懇親会（中堅社員の方々と本社の食堂で交流し，最終選考前に疑問点を解消する場）

筆記試験

・形式：Webテスト
・科目：国語，計数，英語，性格
・内容：TG-WEB

面接（個人・集団）

・質問内容：志望動機を改めて教えて下さい，人生のターニングポイントを教えて下さい，そこから得られたことは何か，学生時代頑張ったことに関する深堀，あなたを漢字一文字で表すなら何ですか，逆質問　等
基本的にはオーソドックスな質問で戸惑うようなことはなかった

内定

・拘束や指示：内定時期は5月中旬，承諾検討期間は5月中

● その他受験者からのアドバイス

・人事の方は非常ににこやかで話しやすく，工場長は落ち着いた雰囲気の方でこちらもリラックスして話すことができました。表情豊かに話すことに注意し，少ない時間で自分自身の感情を相手に伝える努力をしました。面接の後半には3人で笑う場面もあり，非常にいい雰囲気の面接ができました

自己分析をしっかり行うことが，重要だと思います

総合職 2017卒

エントリーシート

・形式：採用ホームページから記入
・内容：研究の内容，学生時代に頑張った事，趣味と特技，好きな食べ物，嫌いな食べ物など

セミナー

・選考とは無関係
・服装：リクルートスーツ
・内容：最終面接の前に社員交流会が行われる。ここで会社のことを非常に深く知る事ができる

筆記試験

・形式：マークシート
・科目：数学，算数／国語，漢字／性格テスト

面接（個人・集団）

・雰囲気：和やか
・回数：3回
・質問内容：エントリーシートの内容の深堀，志望理由，他社状況，入ってから行いたい職種など。最終面接ではプレゼンを行う

内定

・通知方法：電話

▶ その他受験者からのアドバイス

・人事が非常に親身になってくれる。面接の待ち時間中も会話をすることができた

面接では，自分の目標・夢をしっかりと語ってください

技術系 2017卒

エントリーシート
・形式：採用ホームページから記入
・内容：研究概要，学生時代に頑張った経験，グローバル偵度

セミナー
・選考とは無関係
・服装：リクルートスーツ

筆記試験
・形式：マークシート
・科目：英語／数学，算数／国語，漢字／性格テスト
・内容：SPIと似たような形式

面接（個人・集団）
・雰囲気：和やか
・回数：3回
・質問内容：志望動機や学生時代に頑張ったことなど，一般的な質問

内定
・拘束や指示：特になし
・通知方法：電話
・タイミング：予定通り

▶ その他受験者からのアドバイス
・人事の方々が親身に対応してくれた
・内々定後のサポートも手厚かった

研究開発 2017卒

エントリーシート

・形式：採用ホームページから記入
・内容：世界で自分しか考えてないと思うこと　など

セミナー

・選考とは無関係
・服装：リクルートスーツ
・内容：合同説明会でちらっと見た程度

筆記試験

・形式：マークシート／Webテスト
・科目：英語／数学，算数／国語，漢字／性格テスト。簡単な内容だった

面接（個人・集団）

・雰囲気：和やか
・回数：3回
・質問内容：自己PR，志望動機，研究の内容など

内定

・拘束や指示：通知後3日くらいで返事を求められた。内々定を受ける場合は他
　社を断るよう指示された
・通知方法：電話
・タイミング：予定より遅かった

▶ その他受験者からのアドバイス

・人事はとても優しい雰囲気だった
・他の食品会社よりも早く内定を出している

なかなかうまくいかない時期があっても，強い気持ちで活動していれば，自分の魅力に気付いてくれる企業がきっと現れます

総合職 2016卒

エントリーシート

・形式：採用ホームページから記入
・内容：「自分自身の自慢話」「自分のグローバルサムライ度を点数化する」など

セミナー

・選考とは無関係

筆記試験

・形式：マークシート
・科目：英語，数学，国語，性格テストなど

面接（個人・集団）

・回数：4回
・質問内容：「最近心を奪われた食べ物について」など

内定

・通知方法：電話

自分がその会社で何ができるか，どんな強みを活か
せるのかを考えながら，企業研究に取り組むことが
大切だと思います

研究開発職 2016卒

エントリーシート

・形式：採用ホームページから記入
・内容：「学生時代に頑張ったこと」「自身のグローバルSAMURAI度を採点し
　てみる」「大学院での研究テーマ」など

セミナー

・選考とは無関係

筆記試験

・形式：マークシート
・科目：数学，国語，性格テストなど
・内容：GABだった

面接（個人・集団）

・雰囲気：和やか
・回数：4回
・質問内容：「やりたい仕事とからめた自己紹介」「研究概要」「時間を忘れて取
　り組めることとその理由」「志望動機」「日清食品は海外で苦戦しているが，
　どうすれば良いか」「リーダーシップを発揮した経験」など

内定

・通知方法：電話

総合職 2021卒

エントリーシート
・形式：採用ホームページから記入
・内容：長所を活かして将来企業で実現したいこと

セミナー
・選考とは無関係
・服装：リクルートスーツ
・内容：社員との座談会や逆質問，事業説明

筆記試験
・形式：Webテスト
・科目：SPI（数学，算数／国語，漢字／性格テスト）

面接（個人・集団）
・雰囲気：和やか
・回数：5回
・質問内容：学生時代に頑張ってきたこと，長所，短所，研究内容（事業との関連），入社してやりたいこと

内定
・拘束や指示：特になし
・通知方法：電話
・タイミング：予定より早い

就職活動で特別な対策をする必要はないと思います。ありのままの自分を受け止めてくれる会社は，必ずどこかにあるはずです

技術採用 2015卒

エントリーシート
・形式：採用ホームページから記入

セミナー
・選考とは無関係
・服装：リクルートスーツ

筆記試験
・科目：英語／数学，算数／国語，漢字／性格テストだった。難易度はSPI3テストセンターより低かった

面接（個人・集団）
・雰囲気：普通
・回数：3回
・質問内容：一次面接は変わった質問が多いため，前もって考えていく必要はないと思う（考えていても無駄になるので）。二次面接以降は，自分の長所や志望動機などよくある質問だった
　二次面接以降にお土産がもらえた。結果連絡は全て電話

内定
・拘束や指示：内々定後一度本社に呼ばれ，人事担当者との面談があった
・通知方法：電話

● その他受験者からのアドバイス
・面接では，自分自身をプレゼンするような気持ちで臨むといい。プレゼン能力を見られている
・TOEICの点数はあるに越したことはない
・カップ麺やカルタなどのお土産が貰えるのが嬉しかった

技術職採用 2014卒

エントリーシート

・形式：採用ホームページから記入
・内容：「学生時代に一番頑張ったこと」「もし1日が25時間あったら，余った1時間で何をするか」「〇〇〇（日清食品の製品）と私」「日清食品グループのある海外法人の社長に就任したら，どんな国・地域でどのような経営戦略を描き，実行するか」

セミナー

・選考とは無関係
・服装：リクルートスーツ
・内容：企業説明，先輩社員懇談会などが主

筆記試験

・形式：記述式
・科目：英語／数学，算数／国語，漢字。SPIを簡単にしたような内容だった

面接（個人・集団）

・回数：3回
・質問内容：「カラオケの持ち歌」や「自分を漢字1字で表すと」など無関係に思える質問をして，どんなふうに切り返すか見ているようだった。一番掘り下げて聞かれたのは，「納期と品質のどちらを選択しますか」という質問だった

✔ 有価証券報告書の読み方

01 部分的に読み解くことからスタートしよう

「有価証券報告書（以下，有報）」という名前を聞いたことがある人も少なくはないだろう。しかし，実際に中身を見たことがある人は決して多くはないのではないだろうか。有報とは上場企業が年に１度作成する，企業内容に関する開示資料のことをいう。開示項目には決算情報や事業内容について，従業員の状況等について記載されており，誰でも自由に見ることができる。

一般的に有報は，証券会社や銀行の職員，または投資家などがこれを読み込み，その後の戦略を立てるのに活用しているイメージだろう。その認識は間違いではないが，だからといって就活に役に立たないというわけではない。就活を有利に進める上で，お得な情報がふんだんに含まれているのだ。ではどの部分が役に立つのか，実際に解説していく。

■有価証券報告書の開示内容

では実際に，有報の開示内容を見てみよう。

有価証券報告書の開示内容
第一部【企業情報】
第1 【企業の概況】
第2 【事業の状況】
第3 【設備の状況】
第4 【提出会社の状況】
第5 【経理の状況】
第6 【提出会社の株式事務の概要】
第7 【提出会社の状参考情報】
第二部【提出会社の保証会社等の情報】
第1 【保証会社情報】
第2 【保証会社以外の会社の情報】
第3 【指数等の情報】

有報は記載項目が統一されているため，どの会社に関しても同じ内容で書かれている。このうち就活において必要な情報が記載されているのは，第一部の第1【企業の概況】〜第5【経理の状況】まで，それ以降は無視してしまってかまわない。

02 企業の概況の注目ポイント

第1【企業の概況】には役立つ情報が満載。そんな中，最初に注目したいのが，冒頭に記載されている【主要な経営指標等の推移】の表だ。

回次		第25期	第26期	第27期	第28期	第29期
決算年月		平成24年3月	平成25年3月	平成26年3月	平成27年3月	平成28年3月
営業収益	（百万円）	2,532,173	2,671,822	2,702,916	2,756,165	2,867,199
経常利益	（百万円）	272,182	317,487	332,518	361,977	428,902
親会社株主に帰属する当期純利益	（百万円）	108,737	175,384	199,939	180,397	245,309
包括利益	（百万円）	109,304	197,739	214,632	229,292	217,419
純資産額	（百万円）	1,890,633	2,048,192	2,199,357	2,304,976	2,462,537
総資産額	（百万円）	7,060,409	7,223,204	7,428,303	7,605,690	7,789,762
1株当たり純資産額	（円）	4,738.51	5,135.76	5,529.40	5,818.19	6,232.40
1株当たり当期純利益	（円）	274.89	443.70	506.77	458.95	625.82
潜在株式調整後1株当たり当期純利益	（円）	—	—	—	—	—
自己資本比率	（%）	26.5	28.1	29.4	30.1	31.4
自己資本利益率	（%）	5.9	9.0	9.5	8.1	10.4
株価収益率	（倍）	19.0	17.4	15.0	21.0	15.5
営業活動によるキャッシュ・フロー	（百万円）	558,650	588,529	562,763	622,762	673,109
投資活動によるキャッシュ・フロー	（百万円）	△370,684	△465,951	△474,697	△476,844	△499,575
財務活動によるキャッシュ・フロー	（百万円）	△152,428	△101,151	△91,367	△86,636	△110,265
現金及び現金同等物の期末残高	（百万円）	167,525	189,262	186,057	245,170	307,809
従業員数 ［ほか，臨時従業員数］	（人）	71,729 [27,746]	73,017 [27,312]	73,551 [27,736]	73,329 [27,313]	73,053 [26,147]

見慣れない単語が続くが，そう難しく考える必要はない。特に注意してほしいのが，**営業収益，経常利益**の二つ。営業収益とはいわゆる**総売上額**のことであり，これが企業の本業を指す。その営業収益から営業費用（営業費（販売費＋一般管理費）＋売上原価）を差し引いたものが**営業利益**となる。会社の業種はなんであれ，モノを顧客に販売した合計値が営業収益であり，その営業収益から人件費や家賃，広告宣伝費などを差し引いたものが営業利益と覚えておこう。対して経常利益は営業利益から本業以外の損益を差し引いたもの。いわゆる金利による収益や不動産収入などがこれにあたり，本業以外でその会社がどの程度の力をもっているかをはかる絶好の指標となる。

■会社のアウトラインを知れる情報が続く。

　この主要な経営指標の推移の表につづいて,「会社の沿革」,「事業の内容」,「関係会社の状況」「従業員の状況」などが記載されている。自分が試験を受ける企業のことを,より深く知っておくにこしたことはない。会社がどのように発展してきたのか,主としている事業はどのようなものがあるのか,従業員数や平均年齢はどれくらいなのか,志望動機などを作成する際に役立ててほしい。

03 事業の状況の注目ポイント

　第2となる【事業の状況】において,最重要となるのは**業績等の概要**といえる。ここでは1年間における収益の増減の理由が文章で記載されている。「○○という商品が好調に推移したため,売上高は△△になりました」といった情報が,比較的易しい文章で書かれている。もちろん,損失が出た場合に関しても包み隠さず記載してあるので,その会社の1年間の動向を知るための格好の資料となる。

　また,業績については各事業ごとに細かく別れて記載してある。例えば鉄道会社ならば,①運輸業,②駅スペース活用事業,③ショッピング・オフィス事業,④その他といった具合だ。**どのサービス・商品がどの程度の売上を出したのか**,会社の持つ展望として,今後**どの事業をより活性化**していくつもりなのか,などを意識しながら読み進めるとよいだろう。

■「対処すべき課題」と「事業等のリスク」

　業績等の概要と同様に重要となるのが,「**対処すべき課題**」と「**事業等のリスク**」の2項目といえる。ここで読み解きたいのは,その会社の**今後の伸びしろ**について。いま,会社はどのような状況にあって,どのような課題を抱えているのか。また,その課題に対して取られている対策の具体的な内容などから経営方針などを読み解くことができる。リスクに関しては法改正や安全面,他の企業の参入状況など,会社にとって決してプラスとは言えない情報もつつみ隠さず記載してある。客観的にその会社を再評価する意味でも,ぜひ目を通していただきたい。

　次代を担う就活生にとって,ここの情報はアピールポイントとして組み立てやすい。「新事業の○○の発展に際して……」,「御社が抱える●●というリスクに対して……」などという発言を面接時にできれば,面接官の心証も変わってくるはずだ。

　最後に注目したいのが，第5【経理の状況】だ。ここでは，簡単にいえば【主要な経営指標等の推移】の表をより細分化した表が多く記載されている。ここの情報をすべて理解するのは，簿記の知識がないと難しい。しかし，そういった知識があまりなくても，読み解ける情報は数多くある。例えば**損益計算書**などがそれに当たる。

連結損益計算書

(単位：百万円)

	前連結会計年度 （自　平成26年4月1日 至　平成27年3月31日）	当連結会計年度 （自　平成27年4月1日 至　平成28年3月31日）
営業収益	2,756,165	2,867,199
営業費		
運輸業等営業費及び売上原価	1,806,181	1,841,025
販売費及び一般管理費	※1　522,462	※1　538,352
営業費合計	2,328,643	2,379,378
営業利益	427,521	487,821
営業外収益		
受取利息	152	214
受取配当金	3,602	3,703
物品売却益	1,438	998
受取保険金及び配当金	8,203	10,067
持分法による投資利益	3,134	2,565
雑収入	4,326	4,067
営業外収益合計	20,858	21,616
営業外費用		
支払利息	81,961	76,332
物品売却損	350	294
雑支出	4,090	3,908
営業外費用合計	86,403	80,535
経常利益	361,977	428,902
特別利益		
固定資産売却益	※4　1,211	※4　838
工事負担金等受入額	※5　59,205	※5　24,487
投資有価証券売却益	1,269	4,473
その他	5,016	6,921
特別利益合計	66,703	36,721
特別損失		
固定資産売却損	※6　2,088	※6　1,102
固定資産除却損	※7　3,957	※7　5,105
工事負担金等圧縮額	※8　54,253	※8　18,346
減損損失	※9　12,738	※9　12,297
耐震補強重点対策関連費用	8,906	10,288
災害損失引当金繰入額	1,306	25,085
その他	30,128	8,537
特別損失合計	113,379	80,763
税金等調整前当期純利益	315,300	384,860
法人税，住民税及び事業税	107,540	128,972
法人税等調整額	26,202	9,326
法人税等合計	133,742	138,298
当期純利益	181,558	246,561
非支配株主に帰属する当期純利益	1,160	1,251
親会社株主に帰属する当期純利益	180,397	245,309

　主要な経営指標等の推移で記載されていた**経常利益**の算出する上で必要な営業外収益などについて，詳細に記載されているので，一度目を通しておこう。
　いよいよ次ページからは実際の有報が記載されている。ここで得た情報をもとに有報を確実に読み解き，就職活動を有利に進めよう。

✔ 有価証券報告書

企業の概況

1 主要な経営指標等の推移

（1） 連結経営指標等

回次		国際財務報告基準				
		第71期	第72期	第73期	第74期	第75期
決算年月		2019年3月	2020年3月	2021年3月	2022年3月	2023年3月
売上収益	（百万円）	450,984	468,879	506,107	569,722	669,248
税引前利益	（百万円）	31,166	42,650	56,233	49,182	57,950
親会社の所有者に帰属する当期利益	（百万円）	19,356	29,316	40,828	35,412	44,760
親会社の所有者に帰属する当期包括利益	（百万円）	7,891	12,444	66,894	52,841	51,538
親会社の所有者に帰属する持分	（百万円）	326,781	327,994	384,016	407,660	430,427
資産合計	（百万円）	557,577	576,621	663,530	683,423	708,374
1株当たり親会社所有者帰属持分	（円）	3,137.40	3,148.62	3,686.38	3,979.66	4,247.09
基本的1株当たり当期利益	（円）	185.85	281.45	391.94	343.49	440.83
希薄化後1株当たり当期利益	（円）	184.90	279.93	389.69	341.53	438.13
親会社所有者帰属持分比率	（％）	58.6	56.9	57.9	59.6	60.8
親会社所有者帰属持分当期利益率	（％）	5.9	9.0	11.5	8.9	10.7
株価収益率	（倍）	40.9	32.0	20.9	24.9	27.5
営業活動によるキャッシュ・フロー	（百万円）	40,740	57,533	72,714	52,936	64,809
投資活動によるキャッシュ・フロー	（百万円）	△44,544	△40,413	△26,528	△3,468	△32,057
財務活動によるキャッシュ・フロー	（百万円）	13,069	△10,142	△19,046	△44,449	△47,676
現金及び現金同等物の期末残高	（百万円）	57,125	60,163	90,294	102,005	87,388
従業員数 [外、平均臨時雇用者数]	（名）	12,539 [5,303]	12,983 [5,636]	14,467 [6,658]	14,633 [6,778]	15,227 [7,034]

（注）1. 第71期より国際財務報告基準（以下「IFRS」という。）に基づいて連結財務諸表を作成しております。

(point) **主要な経営指標等の推移**

　　数年分の経営指標の推移がコンパクトにまとめられている。見るべき箇所は連結の売上，利益，株主資本比率の3つ。売上と利益は順調に右肩上がりに伸びているか，逆に利益で赤字が続いていたりしないかをチェックする。株主資本比率が高いとリーマンショックなど景気が悪化したときなどでも経営が傾かないという安心感がある。

回次		日本基準
		第71期
決算年月		2019年3月
売上高	（百万円）	524,400
経常利益	（百万円）	35,241
親会社株主に帰属する当期純利益	（百万円）	11,876
包括利益	（百万円）	6,022
純資産額	（百万円）	388,249
総資産額	（百万円）	590,800
1株当たり純資産額	（円）	3,458.69
1株当たり当期純利益	（円）	114.03
潜在株式調整後1株当たり当期純利益	（円）	113.45
自己資本比率	（％）	61.0
自己資本利益率	（％）	3.3
株価収益率	（倍）	66.6
営業活動によるキャッシュ・フロー	（百万円）	41,028
投資活動によるキャッシュ・フロー	（百万円）	△45,632
財務活動によるキャッシュ・フロー	（百万円）	13,069
現金及び現金同等物の期末残高	（百万円）	56,324
従業員数 [外、平均臨時雇用者数]	（名）	12,539 [5,303]

（注）1. 第71期の日本基準による諸数値につきましては，金融商品取引法第193条の2第1項の規定に基づく監査を受けておりません。

(point) 沿革

どのように創業したかという経緯から現在までの会社の歴史を年表で知ることができる。過去に行った重要なM＆Aなどがいつ行われたのか，ブランド名はいつから使われているのか，いつ頃から海外進出を始めたのか，など確認することができて便利だ。

(2) 提出会社の経営指標等 ···

回次		第71期	第72期	第73期	第74期	第75期
決算年月		2019年3月	2020年3月	2021年3月	2022年3月	2023年3月
売上収益	(百万円)	44,348	50,824	45,239	50,441	54,841
経常利益	(百万円)	12,969	19,062	12,387	18,109	16,279
当期純利益	(百万円)	1,311	17,333	13,463	24,447	16,428
資本金	(百万円)	25,122	25,122	25,122	25,122	25,122
発行済株式総数	(株)	105,700,000	105,700,000	105,700,000	104,222,300	102,861,500
純資産額	(百万円)	234,550	229,083	253,852	247,584	222,391
総資産額	(百万円)	360,751	369,968	418,082	417,786	391,740
1株当たり純資産額	(円)	2,231.63	2,177.11	2,411.40	2,391.30	2,165.43
1株当たり配当額 （うち1株当たり 中間配当額）	(円)	110.00 (55.00)	110.00 (55.00)	120.00 (55.00)	130.00 (70.00)	140.00 (65.00)
1株当たり当期純利益	(円)	12.59	166.41	129.25	237.13	161.79
潜在株式調整後1株当たり 当期純利益	(円)	12.53	165.51	128.51	235.77	160.80
自己資本比率	(%)	64.4	61.3	60.1	58.6	56.0
自己資本利益率	(%)	0.6	7.5	5.6	9.9	7.1
株価収益率	(倍)	603.7	54.1	63.5	36.1	75.0
配当性向	(%)	873.7	66.1	92.8	54.8	86.5
従業員数 [外、平均臨時雇用者数]	(名)	703 [9]	724 [8]	716 [5]	742 [7]	767 [9]
株主総利回り （比較指標：TOPIX（配当 込み））	(%) (%)	104.5 (95.0)	124.9 (85.9)	115.9 (122.1)	122.5 (124.6)	172.6 (131.8)
（比較指標：TOPIX食料品 （配当込み））	(%)	(96.4)	(84.6)	(92.8)	(93.4)	(109.1)
最高株価	(円)	8,400	9,440	10,960	9,370	12,190
最低株価	(円)	6,360	6,420	7,810	7,530	8,250

(注) 1. 最高・最低株価は、2022年4月4日より東京証券取引所プライム市場におけるものであり、それ以前については東京証券取引所市場第一部におけるものであります。

2. 「収益認識に関する会計基準」（企業会計基準第29号 2020年3月31日）等を第74期の期首から適用しており、第74期以降に係る主要な経営指標等については、当該会計基準等を適用した後の指標等となっております。

年月	沿革
1948年9月	・魚介類の加工及び販売，紡績その他繊維工業，洋品雑貨の販売，図書の出版及び販売を目的として株式会社中交総社（資本金500万円）を設立，本店を泉大津市汐見町に置く。
1949年9月	・サンシー殖産株式会社に商号変更，本店を大阪市北区に移転。
1958年8月	・瞬間油熱乾燥法の即席袋めん（チキンラーメン）を開発する。
1958年12月	・本店を大阪市中央区に移転，日清食品株式会社に商号変更。
1959年12月	・大阪府高槻市に工場完成，同時に本店を移転。
1963年10月	・東京証券取引所及び大阪証券取引所市場第二部に株式上場。
1964年10月	・即席めんの生産工場として横浜市戸塚区に横浜工場完成。
1970年7月	・米国カリフォルニア州ガーデナ市にニッシンフーズ(U.S.A.)Co.,Inc.を設立。（※1）
1971年9月	・カップめん（カップヌードル）を発売開始。
1971年10月	・カップめんの生産工場として茨城県取手市に関東工場完成。
1972年3月	・岡山県瀬戸内市に日清エフ・ディ食品株式会社を設立。（※1）
1972年8月	・東京，大阪各証券取引所市場第一部に指定。
1973年2月	・滋賀県栗東市に米国ダートインダストリーズ社と合弁で日清ダート株式会社（現，日清化成株式会社）を設立。（※1）
1973年6月	・本店を大阪市北区に移転。
1973年9月	・カップめんの生産工場として滋賀県栗東市に滋賀工場完成及び総合研究所（食品総合研究所）開設。
1975年8月	・カップめんの生産工場として山口県下関市に下関工場完成。
1977年4月	・本社ビル完成に伴い，本店を現在地の大阪市淀川区に移転。
1980年3月	・年間売上高1,000億円達成。（※2）
1984年10月	・香港タイポー地区に日清食品有限公司を設立。（※1）
1988年3月	・東京都新宿区に東京本社ビル完成，東京支社を東京本社と改称。
1988年10月	・滋賀県草津市に中央研究所（食品総合研究所及び食品安全研究所）完成。
1989年3月	・ベアトリースフーズCo.，(HK) Ltd.（現，永南食品有限公司）に資本参加。（※1）
1990年7月	・株式会社ヨーク本社（現，日清ヨーク株式会社）に資本参加。（※1）
1991年1月	・ピギー食品株式会社（現，四国日清食品株式会社）に資本参加。（※1）
1991年2月	・シスコ株式会社（現，日清シスコ株式会社）に資本参加。（※1）
1992年9月	・生タイプ即席めん（日清ラ王）発売開始。

(point) 事業の内容

会社の事業がどのようにセグメント分けされているか，そして各セグメントではどのようなビジネスを行っているかなどの説明がある。また最後に事業の系統図が載せてあり，本社，取引先，国内外子会社の製品・サービスや部品の流れが分かる。ただしセグメントが多いコングロマリットをすぐに理解するのは簡単ではない。

1993年3月	・年間売上高2,000億円達成。(※2)
1994年12月	・中国内の第一号の生産基地として，珠海市金海岸永南食品有限公司が操業開始。(※1)
1995年11月	・カップヌードル国内販売累計100億食達成。
1996年10月	・めんの総合工場として静岡県焼津市に静岡工場完成。
1999年11月	・大阪府池田市にインスタントラーメン発明記念館(現，カップヌードルミュージアム 大阪池田)オープン。
2001年3月	・年間連結売上高3,000億円達成。(※2)
2002年6月	・食品の安全性に関する研究業務や環境対策を行う機能を持つ食品安全研究所を新設。
2003年8月	・カップヌードル全世界販売累計200億食達成。
2005年5月	・上海市閔行区に日清(上海)食品安全研究開発有限公司を設立。
2006年12月	・明星食品株式会社に資本参加。(※1)
2007年12月	・持株会社制への移行を取締役会にて決議。
2008年6月	・株式会社ニッキーフーズを完全子会社化。(※1)
2008年10月	・持株会社制へ移行。日清食品ホールディングス株式会社に商号を変更。「日清食品株式会社」(※1)「日清食品チルド株式会社」(※1)「日清食品冷凍株式会社」(※1)「日清食品ビジネスサポート株式会社」を，新設分割設立。
2009年1月	・ロシア即席めんメーカーの持株会社アングルサイド Ltd.(現，マルベンフードホールディングス Ltd.)に資本参加。
2011年9月	・横浜みなとみらいに「カップヌードルミュージアム横浜」(正式名称：安藤百福発明記念館横浜)オープン。
2013年9月	・「カップヌードルミュージアム」来館者200万人達成。
2014年3月	・新研究所「the WAVE」竣工。
2014年3月	・年間売上高4,000億円達成。(※2)
2016年4月	・Premier Foods plc と Relationship Agreement を締結。
2017年12月	・日清食品有限公司が香港証券取引所メインボード市場に株式を上場。
2018年3月	・年間売上高5,000億円達成。(※2)
2018年10月	・「日清食品関西工場」稼働開始。
2020年3月	・カップヌードル国内年間売上1,000億円達成。(※3)
2020年6月	・日清食品ホールディングス時価総額1兆円達成。
2020年10月	・「カップヌードルミュージアム 大阪池田」来館者1,000万人達成。
2020年11月	・株式会社湖池屋を連結子会社化。(※1)
2021年3月	・香港 尖沙咀に「カップヌードルミュージアム香港」オープン。

2021年5月	・「カップヌードル」ブランドが，発売50年目に世界累計販売500億食を達成。
2022年4月	・東京証券取引所の市場区分の見直しにより，東京証券取引所の市場第一部からプライム市場に移行。
2023年1月	・「カップヌードルミュージアム 横浜」来館者1,000万人達成。
2023年3月	・年間売上高6,000億円達成。（※4）

(注) ※1　現在，連結子会社となっております。

　　※2　日本基準に基づく数値であります。

　　※3　「カップヌードル」ブランドの2019年度（2019年4月〜2020年3月）国内出荷実績をもとにインテージSRI平均販売単価データから算出

　　※4　IFRSに基づく数値であります。

3　事業の内容

　当社グループ（当社及び当社の関係会社）は，持株会社制を採っており，即席めんを主とするインスタント食品の製造及び販売を中核として，その他食品事業，物流業等の周辺事業への展開を図っております。

　海外においても，現地子会社及び関連会社による即席めん等の製造・販売やこれら現地法人に対する技術援助などにより業域を拡大しております。

(point) **関係会社の状況**

　主に子会社のリストであり，事業内容や親会社との関係についての説明がされている。特に製造業の場合などは子会社の数が多く，すべてを把握することは難しいが，重要な役割を担っている子会社も多くある。有報の他の項目では一度も触れられていない場合が多いので，気になる会社については個別に調べておくことが望ましい。

以上についての概要図は次のとおりであります。

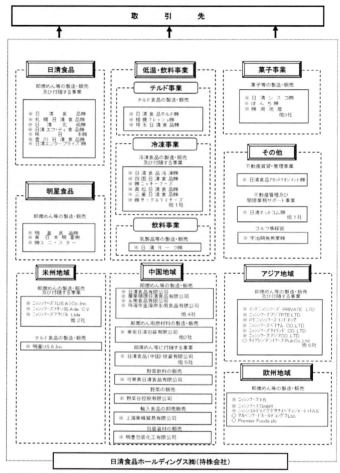

（注）　※：連結子会社　○：持分法適用会社

　なお，当社は特定上場会社等であります。特定上場会社等に該当することにより，インサイダー取引規制の重要事実の軽微基準については連結ベースの数値に基づいて判断することになります。

4　関係会社の状況

名称	住所	資本金 （百万円）	主要な事業の内容	議決権の 所有割合 （％）	関係内容
（連結子会社）					
日清食品株式会社（注 2、4）	大阪市淀川区	5,000	即席めんの製造販売	100.0	経営サポート、事務所の賃貸等 役員の兼任等…有
札幌日清食品株式会社	北海道千歳市	100	即席めんの製造販売	100.0 (100.0)	役員の兼任等…無
日清化成株式会社	滋賀県栗東市	100	容器の製造販売	100.0	カップめん容器の仕入 役員の兼任等…無
日清エフ・ディ食品株式会社	岡山県瀬戸内市	100	即席めん具材の 製造販売	100.0 (100.0)	カップめん具材の仕入 役員の兼任等…無
香川日清食品株式会社	香川県三豊市	100	即席めん具材の 製造販売	100.0 (100.0)	原材料の仕入 役員の兼任等…無
日清エンタープライズ株式会社	大阪府摂津市	100	倉庫業	100.0 (100.0)	役員の兼任等…無
味日本株式会社（注 1）	広島市南区	95	スープ類の製造販売	49.4 (49.4)	原材料の仕入、事務所の賃貸等 役員の兼任等…無
明星食品株式会社（注 2）	東京都渋谷区	3,143	即席めんの製造販売	100.0	経営サポート、原材料の仕入及び 販売等 役員の兼任等…有
株式会社ユニ・スター	埼玉県比企郡 嵐山町	100	スープ類の製造販売	100.0 (100.0)	役員の兼任等…無
東日本明星株式会社	埼玉県比企郡 嵐山町	90	即席めんの製造販売	100.0 (100.0)	役員の兼任等…無
日清食品チルド株式会社	大阪市淀川区	100	チルド食品の製造販売	100.0	経営サポート、事務所の賃貸等 役員の兼任等…有
埼玉日清食品株式会社	埼玉県羽生市	30	チルド食品・冷凍食品 の製造販売	100.0 (100.0)	役員の兼任等…無
相模フレッシュ株式会社	神奈川県綾瀬市	100	チルド食品の製造販売	100.0 (100.0)	役員の兼任等…無
日清食品冷凍株式会社	大阪市淀川区	100	冷凍食品の製造販売	100.0	経営サポート、事務所の賃貸等 役員の兼任等…有
四国日清食品株式会社	香川県三豊市	98	冷凍食品の製造販売	100.0 (100.0)	事務所の賃貸等、原材料の販売等 役員の兼任等…無
高松日清食品株式会社	香川県高松市	80	冷凍食品の製造販売	100.0 (100.0)	役員の兼任等…無
三重日清食品株式会社	三重県名張市	100	冷凍食品の製造販売	100.0 (100.0)	役員の兼任等…無
株式会社サークルライナーズ	香川県綾歌郡 綾川町	50	運送業・倉庫業	100.0 (100.0)	役員の兼任等…無
株式会社ニッキーフーズ	大阪市淀川区	60	冷凍食品の製造販売	100.0 (100.0)	原材料の仕入及び販売等 役員の兼任等…無
日清シスコ株式会社（注 2）	堺市堺区	2,600	各種シリアルフーズ、 菓子等の製造販売	100.0	経営サポート、事務所の賃貸等 役員の兼任等…有
日清ヨーク株式会社	東京都中央区	870	乳製品等の製造販売	100.0	経営サポート、事務所の賃貸等 役員の兼任等…有
ぼんち株式会社	大阪市淀川区	160	米菓・スナック菓子の 製造販売	50.1	役員の兼任等…有
株式会社湖池屋 （注 1、5）	東京都板橋区	2,269	スナック菓子の 製造販売	45.1	役員の兼任等…無

名称	住所	資本金 (百万円)	主要な事業の内容	議決権の 所有割合 (%)	関係内容
Koikeya Vietnam Co., Ltd. (注1)	ベトナム ドンナイ省	千米ドル 18,000	スナック菓子の 製造販売	45.1 (45.1)	役員の兼任等…無
KOIKEYA (THAILAND) Co., Ltd. (注1)	タイ バンコク市	千バーツ 36,000	スナック菓子の販売	45.1 (45.1)	役員の兼任等…無
台湾湖池屋股份有限公司 (注1)	台湾 台北市	千台湾ドル 8,500	スナック菓子の販売	23.0 (23.0)	役員の兼任等…無
日清食品アセットマネジメント 株式会社	東京都新宿区	50	不動産賃貸・管理事業	100.0	事務所の賃貸等 役員の兼任等…無
宇治開発興業株式会社	京都府宇治市	100	ゴルフ場経営	99.4 (0.1)	プレー費の支払等 役員の兼任等…有
日清ネットコム株式会社	大阪市淀川区	24	不動産管理	100.0	事務所の賃貸等 役員の兼任等…無
ニッシンフーズ (U.S.A.)Co., Inc. (注2)	米国 カリフォルニア州 ガーデナ市	千米ドル 149,706	即席めんの製造販売	94.4	技術援助、製品倉庫及び土地の賃貸等 役員の兼任等…有
明星U.S.A., Inc.	米国 カリフォルニア州 チノ市	千米ドル 5,000	チルド食品の製造販売	96.0	役員の兼任等…有
ニッシンフーズメキシコ S.A.de C.V.	メキシコ メキシコ州 レルマ市	千メキシコ ペソ 215,191	即席めんの製造販売	100.0	技術援助等 役員の兼任等…無
ニッシンテクノロジーアリメン トスブラジルLtda. (注2)	ブラジル サンパウロ市	千ブラジル レアル 1,038,577	食品製造に関する技術 支援	100.0	役員の兼任等…無
ニッシンフーズブラジルLtda. (注2)	ブラジル サンパウロ市	千ブラジル レアル 102,088	即席めんの製造販売	100.0 (6.2)	役員の兼任等…無
日清食品有限公司 (注2)	中国・香港 タイポー地区	千香港ドル 2,981,458	即席めんの製造販売、 中国における統括会社	72.1	技術援助、製品の販売等 役員の兼任等…無
永南食品有限公司	中国・香港 タイポー地区	千香港ドル 29,975	即席めんの販売、冷凍 食品の製造販売	72.1 (72.1)	技術援助、原材料の販売等 役員の兼任等…無
日清食品（香港）管理有限公司	中国・香港 タイポー地区	香港ドル 200	中国グループ内の間接 業務、サポート事業	72.1 (72.1)	役員の兼任等…無
日清食品（中国）投資有限公司 (注2)	中国上海市	千人民元 1,563,797	中国事業に対する投資 会社、即席めんの販売	72.1 (72.1)	役員の兼任等…無
廣東順徳日清食品有限公司	中国広東省佛山市	千香港ドル 130,000	即席めんの製造販売	72.1 (72.1)	技術援助、原材料の販売等 役員の兼任等…無
東莞日清包装有限公司	中国広東省東莞市	千人民元 147,000	即席めん包装資材の 製造販売	72.1 (72.1)	役員の兼任等…無
日清湖池屋（中国・香港）有限 公司	中国・香港 タイポー地区	千香港ドル 10,000	菓子等の販売	62.9 (62.9)	役員の兼任等…無
福建日清食品有限公司 (注2)	中国福建省厦門市	千人民元 235,000	即席めんの製造販売	72.1 (72.1)	役員の兼任等…無
珠海市金海岸永南食品有限公司	中国広東省珠海市	千香港ドル 84,000	即席めんの製造販売	72.1 (72.1)	原材料の販売 役員の兼任等…無
浙江日清食品有限公司 (注2)	中国浙江省平湖市	千人民元 350,000	即席めんの製造販売	72.1 (72.1)	役員の兼任等…無
日清食品（香港）有限公司	中国・香港 タイポー地区	千香港ドル 10,000	即席めんの販売	72.1 (72.1)	役員の兼任等…無
MC Marketing & Sales (Hong Kong) LTD.	中国・香港 九龍	千香港ドル 1	食料品の販売	58.4 (58.4)	役員の兼任等…無
Kagome Nissin Foods (H.K.) Co., Ltd.	中国・香港 タイポー地区	千香港ドル 5,000	野菜飲料の販売	50.4 (50.4)	役員の兼任等…無

(point) 従業員の状況

　主力セグメントや，これまで会社を支えてきたセグメントの人数が多い傾向があるの
は当然のことだろう。上場している大企業であれば平均年齢は40歳前後だ。また労
働組合の状況にページが割かれている場合がある。その情報を載せている背景として，
労働組合の力が強く，人数を削減しにくい企業体質だということを意味している。

名称	住所	資本金 (百万円)	主要な事業の内容	議決権の 所有割合 (%)	関係内容
珠海日清包装有限公司	中国広東省珠海市	千人民元 107,567	即席めん包装資材の 製造	72.1 (72.1)	役員の兼任等…無
香港東峰有限公司	中国・香港 タイポー地区	千香港ドル 23,000	中国事業（上海東峰）に 対する投資会社	58.4 (58.4)	役員の兼任等…無
上海東峰貿易有限公司	中国上海市	千人民元 20,000	輸入食品の卸売販売	58.4 (58.4)	役員の兼任等…無
野菜谷控股有限公司	中国・香港 タイポー地区	千香港ドル 13,500	野菜の水耕栽培及び 販売	72.1 (72.1)	役員の兼任等…無
明豊包装化工有限公司	中国・香港 タイポー地区	千香港ドル 98,000	包装資材の販売	72.1 (72.1)	役員の兼任等…無
ニッシンフーズアジア PTE. LTD.	シンガポール ベノイ	千シンガポール ドル 0	アジアにおける 統括会社	100.0	役員の兼任等…有
ニッシンフーズシンガポール PTE. LTD.	シンガポール ベノイ	千シンガポール ドル 20,989	即席めんの販売	100.0 (100.0)	役員の兼任等…無
インドニッシンフーズ PRIVATE LTD.（注2）	インド バンガロール市	千インド ルピー 6,904,080	即席めんの製造販売	65.7 (65.7)	技術援助 役員の兼任等…無
ニッシンフーズインディアLTD.	インド バンガロール市	千インド ルピー 500	即席めんの販売	65.7 (65.7)	役員の兼任等…無
ニッシンフーズベトナム CO.,LTD.（注2）	ベトナム ビンドゥオン市	千米ドル 66,630	即席めんの製造販売	100.0 (100.0)	役員の兼任等…無
ニッシンフーズタイランド CO.,LTD.（注2）	タイ パトムタニ市	千バーツ 2,618,672	即席めんの製造販売	66.0 (66.0)	役員の兼任等…無
ニッシンフーズアジア CO.,LTD.（注2）	タイ バンコク市	千バーツ 4,877,763	アジアにおける 統括会社	100.0 (0.0)	技術援助 役員の兼任等…有
PT.ニッシンフーズインドネシ ア（注2）	インドネシア ブカシ市	百万インド ネシアルピア 514,500	即席めんの製造販売	66.0 (59.3)	役員の兼任等…有
ニッシンフーズKft.（注2）	ハンガリー ケチュケメット市	千フォリント 12,704,000	即席めんの製造販売	100.0	技術援助、原材料の販売等 役員の兼任等…無
ニッシンフーズGmbH	ドイツ フランクフルト市	千ユーロ 25	即席めんの販売	100.0 (99.0)	役員の兼任等…無
ニッシンユルドゥズグダサナイ ベティジャーレットA.S. （注1）	トルコ サカルヤ	千トルコ リラ 20,000	即席めんの製造販売	50.0	役員の兼任等…有
（持分法適用関連会社） タイプレジデントフーズ Pub.Co.,Ltd.	タイ バンコク市	千バーツ 329,704	即席めんの製造販売	20.3	役員の兼任等…無
マルベンフード ホールディングスLtd.	キプロス共和国	千ロシア ルーブル 398	即席めん事業を営む 企業集団の持株会社	33.5	役員の兼任等…有
ニッシン-ユニバーサルロビナ CORP.	フィリピン ケソン市	千フィリピン ペソ 189,000	即席めんの製造販売	49.0 (49.0)	役員の兼任等…有
Premier Foods plc（注6）	英国 ハートフォードシ ャー州 セント・オールバ ンズ市	千ポンド 86,300	加工食品、調理用ソー ス、菓子等の製造販売	24.99	役員の兼任等…無

(point) 業績等の概要

　この項目では今期の売上や営業利益などの業績がどうだったのか，収益が伸びたある
いは減少した理由は何か，そして伸ばすためにどんなことを行ったかということがセ
グメントごとに分かる。現在，会社がどのようなビジネスを行っているのか最も分か
りやすい箇所だと言える。

（注）1　持分が50％以下でありますが，実質的に支配しているため連結子会社としております。
　　　2　特定子会社であります。
　　　3　議決権の所有割合の（　）内は，間接所有割合で内数であります。
　　　4　日清食品株式会社については，売上収益（連結会社相互間の内部売上収益を除く。）の連結売上収
　　　　益に占める割合が10％を超えております。

会社名	日清食品株式会社
売上収益	215,601百万円
税引前利益	14,322百万円
当期利益	10,500百万円
資本合計	137,980百万円
資産合計	217,305百万円

　　　5　有価証券報告書の提出会社であります。
　　　6　当連結会計年度においてPremier Foods plcの株式を追加取得したことに伴い，「その他」の事業セ
　　　　グメントにおいて，同社は持分法適用関連会社となっております。

5 従業員の状況

（1） 連結会社の状況 ··

セグメントの名称	従業員数（名）
日清食品	1,940 [2,553]
明星食品	577 [317]
低温・飲料事業	886 [673]
菓子事業	1,692 [964]
米州地域	4,174 [86]
中国地域	3,388 [177]
報告セグメント計	12,657 [4,770]
その他	2,570 [2,264]
合計	15,227 [7,034]

（注）1　従業員数は就業人員数であり,臨時従業員数は[　]内に年間の平均人員数を外数で記載しております。

（2） 提出会社の状況 ··

2023 年 3 月 31 日現在

従業員数（名）	平均年齢（歳）	平均勤続年数（年）	平均年間給与（円）
767 [9]	40.5	11.2	7,902,345

（注）1　従業員数は就業人員数であり,臨時従業員数は[　]内に年間の平均人員数を外数で記載しております。

　　　2　提出会社の従業員数は全てセグメントの「その他」に含まれるため,合計人数のみ記載しております。

　　　3　平均年間給与は,賞与及び基準外賃金を含んでおります。

（3） 労働組合の状況 ··

特記すべき事項はありません。

事業の状況

1　経営方針，経営環境及び対処すべき課題等

　文中の将来に関する事項は，当連結会計年度末時点において当社グループが判断したものであります。

（1）　経営方針 ‥‥‥‥‥‥‥‥‥‥‥‥‥‥‥‥‥‥‥‥‥‥‥‥‥‥‥‥‥‥‥‥‥‥

　当社グループは，創業者が掲げた「食足世平」「食創為世」「美健賢食」「食為聖職」の4つの精神をもとに，常に新しい食の文化を創造し続ける「食文化創造集団」となり，環境・社会課題を解決しながら持続的成長を果たすことによって，グループ理念である「EARTH FOOD CREATOR」の体現を目指してまいります。

　また，総合食品企業グループとして，各カテゴリーの中で常にNo.1ブランドを創造・育成していき，No.1ブランドの集合体として形成される「ブランディングコーポレーション」の実現を目指し，より一層，ゆるぎない経営基盤を築きながら，企業価値及び株主共同の利益の確保・向上に努めてまいります。

（2）　経営環境及び対処すべき課題等 ‥‥‥‥‥‥‥‥‥‥‥‥‥‥‥‥‥‥‥‥‥

　今後の見通しにつきましては，新型コロナウイルス感染症の影響長期化に加え，地政学的リスクの高まり，インフレ，政策金利の引き上げ，金融不安の拡大，約32年ぶりの円安水準，資源価格の高騰に伴う消費者物価指数の上昇など，先行き不透明な状況が続いております。

　このような環境の中，当社グループは，2030年に向けた「中長期成長戦略2030」を策定し，ビジョンの実現と持続的成長に向け，以下の3つの成長戦略テーマに取り組んでまいります。

常に新しい食の文化を創造し続ける

"EARTH FOOD CREATOR（食文化創造集団）"

として、環境・社会課題を解決しながら持続的成長を果たす

Mission
創業者精神

食足世平　食創為世
美健賢食　食為聖職

Vision
EARTH
FOOD
CREATOR

Value
大切な4つの思考

Happy Creative Unique Global

CSV経営における中長期成長ストーリー

ビジョンの実現と持続的成長に向け、3つの成長戦略テーマに取り組みます。

価値の"向上"に向けて	価値の"持続"に向けて	価値の"飛躍"に向けて
既存事業の キャッシュ創出力強化	EARTH FOOD CHALLENGE 2030	新規事業の推進
海外＋非即席めん事業のアグレッシブな成長により利益ポートフォリオを大きくシフトさせながら持続的成長を追求	・有限資源の有効活用と気候変動インパクト軽減へのチャレンジ ・既存事業のライフサイクルの超長期化へ	・フードサイエンスとの共創による"未来の食" ・テクノロジーによる食と健康のソリューション企業へ

中長期成長戦略2030

　海外事業＋非即席めん事業のアグレッシブな成長によって，利益ポートフォリオを大きくシフトさせながら持続的成長を追求してまいります。ポイントは，①既存事業全体の利益をMid-single Digit，1桁台半ばで持続的に成長させていくこと，②「海外」及び低温・菓子・飲料からなる「非即席めん」の成長をさらにドライブさせ，2020年度時点では6：4となっていた，国内即席めんとそれ以外の構成比を逆転させていくこと，③それに新規事業によって長期的な収益をさらに積み重ねていくこと，の3つであります。

(point) 生産，受注及び販売の状況

　生産高よりも販売高の金額の方が大きい場合は，作った分よりも売れていることを意味するので，景気が良い，あるいは会社のビジネスがうまくいっていると言えるケースが多い。逆に販売額の方が小さい場合は製品が売れなく，在庫が増えて景気が悪くなっていると言える場合がある。

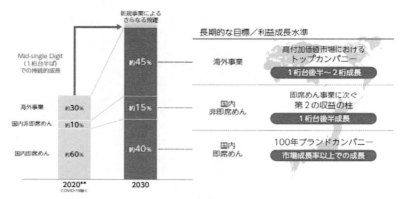

* 非経常損益としての「その他収支」の影響を除いた実質的な営業利益の成長

** 2020（2020年度）の値は，2020年度IFRS営業利益から，国内その他セグメントの損益や非経常損益としての「その他収支」，加えて2019〜2020年度において大幅な利益増大要因となったCOVID-19影響を控除したおおよその値

① 既存事業のキャッシュ創出力強化

（ア） 海外事業

・海外事業の成長ドライバー：Global Brandingの深化

　グローバルブランドと呼べるステージに到達した「CUP NOODLES」のコアバリューとエリア別の競争優位性をさらに明確化・確立し，さらなる成長のドライブコアといたします。

・高付加価値市場におけるトップカンパニーへ

　ブランド戦略を各市場／事業のステージに応じたオペレーション戦略へと展開し，M&Aも活用しながらさらなる高成長を目指してまいります。

---

point 対処すべき課題

　有報のなかで最も重要であり注目すべき項目。今，事業のなかで何かしら問題があればそれに対してどんな対策があるのか，上手くいっている部分をどう伸ばしていくのかなどの重要なヒントを得ることができる。また今後の成長に向けた技術開発の方向性や，新規事業の戦略ついての理解を深めることができる。

欧州	中国	米国
アジアン×高品質・高付加価値を軸とするブランド戦略と、国により市場特性が異なる"モザイクマーケット"を意識したエリア戦略によってシェア拡大／市場開拓を追求	・高品質×Made in/from Hong Kongを武器に、大陸での販売拡大を追求 ・既に高いプレゼンスをもつ地域では、アライアンスを積極活用しながらマルチカテゴリーにより収益機会をレバレッジ	＄1超／個の商品を中心としたPremium Shiftをマーケティング・営業戦略の両面から強力に推し進め、ゲームチェンジと安定的な収益基盤の構築へ
アジア		南米
・東区：横断的な商品／ノウハウ展開や事業基盤のシェアード化を推進し、地域一体として収益性を高めながら成長をドライブ ・インド：Mini-cup活用によるカップヌードルの成長とアライアンス活用による販売基盤拡大を通じ、カップめん市場の占有を狙う		ブラジルにおける圧倒的なリーダーポジションを活かし、即席めん事業のさらなる飛躍に加えてマルチカテゴリー化／南米事業拡大を推進し、中期的な利益成長を"極大化"

＊　中国地域の戦略等は，当社が独自に設定したものであります。

（イ）　国内非即席めん（第2の収益の柱へ）

　　国内非即席めん事業については，需要・供給両面からグループシナジーを徹底追求することにより，付加価値フォーカスでの各事業の成長／収益性向上をレバレッジしてまいります。

　　こちらは，セグメントでいう「低温・飲料事業」，「菓子事業」を指すものであります。ポートフォリオシフトへの強い意志を込める意味で「非即席めん」として表現しております。2020年度時点では利益の面からは約10％程度の構成比でありますが，それぞれのNo.1領域を磨き続けることで着実に利益を増大させ続け，2030年には構成比約15％の柱に育て上げるのが戦略目標であります。

＊　20年度以降の営業利益については，IFRS営業利益から非経常損益としての「その他収支」を控除した金額を記載

（ウ）　国内即席めん事業（100年ブランドカンパニーへ）

　　日清食品・明星食品からなる「国内即席めん事業」については，成熟市場にあっても着実な増収増益を重ね中長期的に成長し続けるために，需要開発・ブランド浸透・市場開拓・供給力強化への取り組みをさらに深化させてまいります。

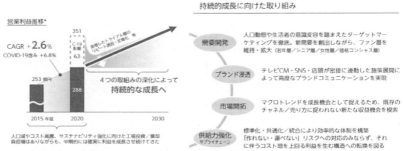

*　20年度以降の営業利益については，IFRS営業利益から非経常損益としての「その他収支」を控除した金額を記載

② EARTH FOOD CHALLENGE2030

　　当社グループは，2022年11月に，森林破壊などによる自然や生物多様性の減少をプラスに回復させる「ネイチャーポジティブ」に向けた活動を推進し，2050年までにCO_2の排出量と吸収量を"プラスマイナスゼロ"にする「カーボンニュートラル」の達成を目指すことを宣言いたしました。ネイチャーポジティブに向けた活動に取り組むことで，EARTH FOOD CHALLENGE 2030で掲げる資源の有効活用，そしてCO_2排出量の削減を加速させてまいります。

EARTH FOOD
CHALLENGE
2030
地球のために。未来のために。

Nature Positive   Carbon Neutral

ネイチャーポジティブへの貢献・効果   カーボンニュートラルへの貢献・効果

（森林保全・管理により）
天然林が健やかに成長する   〉

（植林により）   森林がより多くの
森林面積が増加する   〉   CO₂を吸収する

（再生農業により）
土壌が回復する   〉   地面に多くのCO₂を蓄積する

環境戦略「EARTH FOOD CHALLENGE 2030」

	2030年に向けた環境目標	目標値	直近実績
資源有効活用へのチャレンジ	持続可能なパーム油の調達比率	100%	37.7%（※1）
	水使用量…IFRS売上収益100万円あたり	12.3m³/百万円	10.5m³/百万（※1）
	廃棄物再資源化率…日本国内	99.5%	99.8%（※1）
	販売・流通領域における廃棄物削減…2015年度対比/日本国内	△50.0%	△47.1%（※2）
気候変動問題へのチャレンジ	CO₂排出削減率：Scope 1＋2…2018年対比/国内外（※3）	△30.0%	△4.0%（※1）
	CO₂排出削減率：Scope 3…2018年対比/国内外（※3）	△15.0%	0.4%（※1）

※1　2022年実績

※2　2021年度実績

※3　2023年5月にCO₂排出削減の目標値をScope1＋2 △42%（2020年比），Scope3 △25%（2020年比）に上方修正。

③　新規事業のビジョン

・背景となる社会課題と新規事業のビジョン

　　現代は豊かな食生活が実現した一方で，オーバーカロリーによる「肥満」，偏食や間違ったダイエット方法による「隠れ栄養失調」，高齢者の低栄養による「フレイル」など，多くの健康問題に直面しております。

オーバーカロリー	隠れ栄養失調	フレイル
肥満など生活習慣病に関連のある病気による死亡率と医療費の増加	間違ったダイエット方法によってカロリーや栄養が不足した状態	加齢により心身が衰えた状態で、低栄養が原因の一つとされる

日清食品のフードテクノロジーで社会課題の解決を目指します‼

　　日清食品独自のフードテクノロジーにより，見た目やおいしさはそのままに，カロリーや塩分，糖質，脂質などをコントロールし，必要な栄養素を整えた食事を実現することで，社会課題の解決を目指してまいります。

おいしく食べてしっかり摂れる **33種類の栄養素**	カロリーや脂質をコントロール **バランスのとれた三大栄養素**	少ない量でもちゃんとおいしい **3.0g未満の塩分量**
 即席めんで培った加工技術やうまみ素材などを駆使することで、栄養素が持つ独特のエグみや苦味を感じることなく、普段の食事と変わらないおいしさを実現	 麺や米に栄養素や食物繊維を配合する技術や油分をカットする独自製法で、見た目やおいしさはそのままに、三大栄養素(たんぱく質、炭水化物、脂質)のバランスを最適化	 世界中から約170の塩を集めて研究を重ね、ミネラルやアミノ酸などを配合することにより、塩が少なくてもおいしく感じられる当社独自の減塩技術を確立

④　「完全メシ」の展開

　　　・「完全メシ」シリーズは，発売１年で1000万食を突破‼（※１）

　　2022年５月30日より，栄養とおいしさの完全バランスを実現した「完全メシ」シリーズを発売。

　　その後，冷凍食品やパンなどカテゴリーを拡大しております。新しいコンセプトと技術力が評価され，多数のヒット賞を受賞いたしました。

即席カップライス　　　即席めん　　　　　冷凍食品

シリアル　　　　　飲料　　　　　パン

例「完全メシ カレーメシ」の場合

※商品にレタスは入っておりません。※レタスの栄養成分値は八訂日本食品標準成分表を参照。※重量は「食品の栄養とカロリー辞典第3版／女子栄養大学出版部」を参照。　　食生活は、主食、主菜、副菜を基本に、食事のバランスを。

※1　2022年5月30日～2023年4月30日の「完全メシ」シリーズ累計出荷数から算出（当社調べ）

（3）　経営上の目標の達成状況を判断するための客観的な指標等

①　持続的な利益成長の考え方

　成長投資の基盤となる"既存事業"の実質的成長を示す指標「既存事業コア営業利益」を定義し，これをMid- single Digitで成長させることを経済価値ターゲットの中核といたします。

　既存事業コア営業利益とは，営業利益から新規事業にかかる損益および非経常損益としての「その他収支」を控除したものであり，中長期成長戦略上2022年3月期以降積極的かつ継続的な先行投資を予定する新規事業にかかる損益を分離し，その成長投資の基盤となる既存事業の実質的な成長を測定することを目的に採用している指標であります。

本指標は，当社グループが中長期的に持続的な成長を目指すうえでの重要経営管理指標であり，財務諸表の利用者が当社グループの業績を評価するうえでも有用な情報であると考えております。

② 中長期的な経済価値ターゲット

持続的な利益成長に加え，効率的な資本活用，安全性ある負債活用，そして安定的な株主還元の4つをCSV経営上の中長期的経済価値ターゲットとして掲げ，非財務目標との同時実現を追求してまいります。

価値区分		経営指標	中長期的目標
財務	成長性	既存事業コア営業利益（注1）CAGR	1桁台半ば
	効率性	ROE	長期的に10%
	安全性	純有利子負債／EBITDA倍率	≦2倍
	安定的株主還元	配当政策	累進的配当
		相対TSR（TOPIX食料品対比）（注2）	＞1倍
非財務（注3）	有限資源の有効活用	持続可能なパーム油の調達比率（注4）	100%
		水使用量（IFRS売上100万円あたり）	12.3㎥以下
		流通廃棄物削減率（2015年度対比／日本国内）	△50%
	気候変動インパクトの軽減	CO_2排出削減（Scope1+2）（2018年対比）（注5）	△30%
		CO_2排出削減（Scope3）（2018年対比）（注5）	△15%

（注）1 IFRS上の営業利益から，積極的な先行投資を予定する「新規事業に係る損益」および非経常損益としての「その他収支」を控除したNon-GAAPの重要経営管理指標

2 相対TSR（TOPIX食料品対比）は，以下の算定式に基づき算出するものとします。

$$相対TSR = \frac{対象期間における当社TSR}{対象期間におけるTOPIX食料品（配当込み）の成長率}$$

$$= \frac{(B＋C) ÷ A}{E ÷ D}$$

A：当事業年度の3事業年度前の1月.3月における3か月間の当社株式の終値平均
B：当事業年度の1月～3月における3か月間の当社株式の終値平均
C：当事業年度を含む過去3事業年度における1株当たり配当額の累計
D：当事業年度の3事業年度前の1月～3月における3か月間のTOPIX食料品（配当込み）の終値平均
E：当事業年度の1月～3月における3か月間のTOPIX食料品（配当込み）の終値平均

3 非財務目標については，2030年度の目標値

4 外部認証の活用および独自アセスメントによる

5 2023年5月にCO_2排出削減の目標値をScope1＋2 △42%（2020年比），Scope3 △25%（2020年比）に上方修正

2 サステナビリティに関する考え方及び取組

　当社グループのサステナビリティに関する考え方及び取組は，次のとおりであります。

　なお，文中の将来に関する事項は，当連結会計年度末現在において当社グループが判断したものであります。

（1）　ガバナンス

　当社グループは環境や社会の課題を解決しながら持続的成長を果たすため，2020年4月，「サステナビリティ委員会」を設置いたしました。委員長は代表取締役社長・CEOが務め，事務局は経営企画部，環境推進部，広報部が担い，委員会傘下には，環境，人権，広報・教育，海外，ESG評価向上をテーマにした5つのワーキンググループを設け，各グループに関係部署が参画しております。

　委員会は，グループ全体のサステナビリティ・ESG課題に関する方針策定や施策を検討し，その活動内容を，サステナビリティ委員長および取締役会へ定期的に報告しております。

　また，2021年4月には取締役会の諮問機関として「サステナビリティ・アドバイザリーボード」を設置し，当社グループに影響を及ぼすESG（環境，社会，ガバナンス）課題について，社内経営層と社外有識者が協議する機会を年2回設けております。協議した内容はウェブサイトなどで開示し，会社の経営方針や各種施策に反映しております。

（2）　戦略

　当社グループは，人類を「食」の楽しみや喜びで満たすことを通じて社会や地球に貢献する「EARTH FOOD CREATOR」をグループ理念に掲げ，持続可能な社会の実現と企業価値の向上を目指しております。当社グループが果たすべき責任，取り組むべき社会課題は，食の安全管理体制の構築や環境負荷の低減，ガバナンスの確立など幅広い領域に及んでおります。その中でも，当社グループが特に力を入れて取り組むべき重要課題＝マテリアリティを，サステナビリティとウェルビーイングの2軸で設定しております。なお，その他の課題に関しては，主要なESG評価機関からの評価を各部門のKPIとして戦略を策定し，施策を実行し

ております。

① 気候変動等への対応

　近年，気候変動をはじめとする地球規模での環境問題が顕在化する中，世界中の人々の食を支えるグローバルカンパニーとして，より高いレベルでの環境対策推進を重要経営課題と位置付け，中長期成長戦略の一つとして環境戦略「EARTH FOOD CHALLENGE 2030」を2020年4月に策定しております。

　環境戦略「EARTH FOOD CHALLENGE 2030」は，地球資源を取り巻く環境の保護および資源の有効活用に挑戦する「資源有効活用へのチャレンジ（EARTH MATERIAL CHALLENGE）」と，当社グループの事業活動全般におけるCO_2排出量削減に挑戦する「気候変動問題へのチャレンジ（GREEN FOOD CHALLENGE）」の2つを柱としております。

　「EARTH MATERIAL CHALLENGE」では「地球にやさしい調達」「地球資源の節約」「ごみの無い地球」の3つを，「GREEN FOOD CHALLENGE」では「グリーンな電力で作る」「グリーンな食材で作る」「グリーンな包材で届ける」の3つを活動テーマに据えております。

　また，特に気候変動問題を，重要な経営リスクの1つとして位置付けております。原材料価格の高騰や製造工場の被害，消費者の購買活動の変化など，当社グループの事業は，気候変動によってさまざまな影響を受けるためであります。当社グループでは，2019年度に事業活動に気候変動が及ぼす影響を把握するために，プロジェクトチームを立ち上げ，TCFD（気候関連財務情報開示タスクフォース）提言を踏まえたシナリオ分析・インパクト評価を実施いたしました。分析には，IPCC（気候変動に関する政府間パネル）の温暖化の進行に関するシナリオ（RCP：代表的濃度経路）※と社会経済に関するシナリオ（SSP：共通社会経済経路）を用い，TCFDが求める2℃シナリオを含む複数の異なる条件下で分析いたしました。結果の概要は以下となります。

※　RCP2.6（1986～2005年を基準としておおよそ1℃前後の上昇），RCP6.0（おおよそ2℃前後の上昇），RCP8.5（おおよそ4℃前後の上昇）の3つシナリオを活用

主なリスクによる事業への影響度とその対応策

	主なリスク	想定される事業への影響	主な対応策 (財務影響軽減策)
移行リスク	炭素税・国境炭素税などの規制	ＳＢＴ目標ＷＢ２℃(世界の気温上昇を産業革命前より２℃を十分に下回る水準)に向け、取り組まなかった場合の影響額は2030年3,747百万円/年、2050年7,323百万円/年となった。ＳＢＴ目標ＷＢ２℃を達成した場合の影響額は2030年2,623百万円/年、2050年1,465百万円/年となる。	製造工場への省エネ設備やシステムの導入、再生可能エネルギーの導入拡大、環境に配慮した製品の販売
物理リスク	水リスク	洪水：リスクが高いと見られる製造拠点は国内4拠点、海外1拠点	製造工場などにおける水リスクの多角的な分析調査
		高潮：リスクが高いと見られる製造拠点は国内4拠点	
		干ばつ：評価時点と比較して、2055年および2090年までにリスクが増大すると判明した拠点は南米と欧州の拠点	
		水ストレス：国内で4拠点、海外で7拠点	水の再利用などをはじめとした製造工場における効率的な水の使用
	原材料調達先の変遷	小麦：オーストラリアにおける小麦の2000年比面積単位収穫量はＲＣＰ2.6およびＲＣＰ6.0で増加、アメリカ、カナダは変化なし	植物代替肉や培養肉などの開発、植物代替肉や培養肉などを利用した製品の開発、持続可能なパーム油の調達
		大豆：2000年比面積単位収穫量は、ＲＣＰ2.6では増加傾向、ＲＣＰ6.0とＲＣＰ8.5では減少傾向	
		エビ・イカ：ＲＣＰ2.6では大きな変化はなし、ＲＣＰ8.5では漁獲量が減少	
		パーム油：ＲＣＰ2.6では収穫量減少の懸念あり、ＲＣＰ8.5では収穫量減少	

※分析結果の詳細は当社グループのサステナビリティサイトで公開しております。
(https://www.nissin.com/jp/sustainability/)

　また、2050年までにCO2排出量と吸収量を"プラスマイナスゼロ"にする「カーボンニュートラル」を2022年11月に宣言しております。

② 非財務価値の定量化

　当社グループが重点的に取り組むESG活動が企業価値にどのような効果があるのか，ESGと企業価値との関係性の分析にも取り組んでおります。その一つが，企業価値を表す指標の一つPBRとの関係性の分析であります。ESG活動が何年後のPBRに効果をもたらすかを，学術的に信頼度の高い手法を使い分析いたしました。結果，CO2排出量の削減を行うと8年後に1.0%PBRが向上するなど，当社グループが重点的に取り組んでいるESG活動と企業価値向上との間に相関関係があることを定量的に確認することができております。

(point) **財政状態，経営成績及びキャッシュ・フローの状況の分析**

　「事業等の概要」の内容などをこの項目で詳しく説明している場合があるため，この項目も非常に重要。自社が事業を行っている市場は今後も成長するのか，それは世界のどの地域なのか，今社会の流れはどうなっていて，それに対して売上を伸ばすために何をしているのか，収益を左右する費用はなにか，などとても有益な情報が多い。

またESG指標同士の相関性を分析し，各ESGの取り組みがどのような経路を辿り企業価値の向上に繋がるのか，ストーリーの形で明らかにいたしました。例えば，エネルギー投入量に対する施策を行うことでCO_2排出量は削減され，CO_2排出量を削減したことで，自社が保有しているメディアで発信する機会が増加し，地域や社会におけるブランド価値向上につながります。次にブランド価値が上がると消費者の購買が増え売上が伸び，最終的には，当社グループが経営指標として上げるEPSとPERが成長・拡大しシェアホルダー価値につながってまいります。引き続きこうした分析に挑戦し，ESG活動と企業価値の関係性を明らかにしていきたいと考えております。

（ア）　俯瞰型分析

＊　"CFOポリシー（中央経済社2020）"にて柳良平氏が開発したモデルに基づき，アビームコンサルティング株式会社のDigital ESG Platformで分析（2021年3月）

（イ）　価値関連性分析

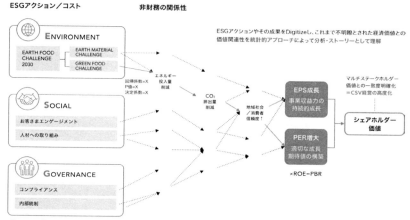

③　コミュニティ投資

　当社グループは，日清食品の創業者である安藤百福が創設した「公益財団法人安藤スポーツ・食文化振興財団」の理念「食とスポーツは健康を支える両輪である」に賛同し，子どもたちの健全な心身の育成のためのスポーツ振興事業と食文化の向上に貢献する事業活動をサポートしております。同財団の活動は，全国小学生陸上競技交流大会等のスポーツ支援，自然体験活動の企画コンテストやロングトレイルの普及・振興事業，独創的な基礎研究・食品開発・ベンチャーを対象にした表彰事業等の食文化振興事業，体験型食育ミュージアム「安藤百福発明記念館」運営の４つの事業活動が柱となっております。当社グループは，2021年度より，同財団とともに，食科学の発展に寄与する研究に取り組む大学院生を支援する給付型奨学金「日清食品・安藤百福 Scholarship」を設立し，返済義務のない奨学金の給付をスタートさせております。2022年度は大学院生100名に年100万円の奨学金を給付しております。

④　**人材の多様性の確保を含む人材の育成に関する方針及び社内環境整備に関する方針**
　（ア）　人材に対する考え方について
「企業在人・成業在天」

　この言葉は，創業者の安藤百福が2007年に社員に向けて年頭のメッセージとして記したものであります。

　「企業は人である。人に対する評価がそのまま企業の評価につながる。また成業とは，大衆の声が天に通じたときに，はじめて大きな評価として返ってくるものだ。」という意味が込められております。この言葉にも象徴されるように，かねてより当社グループは人材を企業価値の源泉として捉えてまいりました。

　また，創業者は「私は日清食品を一つの人生大学というようなものにしたいと考えている。仕事を通じて，また職場の人間関係を通じて，真の人間らしさを学んでいただく場としたい。」という言葉も残しており，我々日清食品グループは社員が仕事と職場環境を通じて人間として成長できる機会を提供することを使命だと考えております。

（イ）　組織人材ポリシー（人材育成方針）

　　創業者が世界初の即席めんである"チキンラーメン"，世界初のカップめんである"カップヌードル"を，さらに宇宙でも食べられる世界初の即席めんである"スペース・ラム"を生涯かけて創造したように，当社グループでは常に新しい食の文化を創造し続ける「EARTH FOOD CREATOR（食文化創造集団）」であることをグループのビジョンとしております。そのためには，多様な彩りや専門性を持った社員が互いに尊重し合い，グループのミッション・ビジョン・バリューに共感し，当社グループの一員として仕事を楽しみ，働きがいを感じながら活躍できる状態を目指しております。また自らが希望するキャリアを実現し，仕事を通して生涯成長できるよう様々な機会を提供することで，当社グルー

プの持続的な成長を図ってまいります。

（ウ）　社内環境整備

a.　ハングリーで自律的なキャリア形成

　　当社グループは，社員が自らハングリーな気持ちで学び，希望するキャリア
を実現することを奨励しております。

イ．社内大学NISSIN ACADEMY

　　社員のチャレンジを後押しするために，2020年にスキルやリーダーシップ
等を学ぶ場として社内大学 NISSIN ACADEMY を設立いたしました。部門独
自の専門的スキルを学ぶ講座，汎用的なビジネススキルを学ぶ講座，リーダー
として必要な資質やスキルを学ぶ講座など多数取り揃えており，意欲があれば
スキルアップできる機会を充実させております。

NISSIN ACADEMYの全体図

(point) **設備投資等の概要**

　　セグメントごとの設備投資額を公開している。多くの企業にとって設備投資は競争力
向上・維持のために必要不可欠だ。企業は売上の数％など一定の水準を設定して毎年
設備への投資を行う。半導体などのテクノロジー関連企業は装置産業であり，技術発
展がスピードが速いため，常に多額の設備投資を行う宿命にある。

ロ．社員のチャレンジとキャリア実現を支援する制度

　　よりチャレンジングな目標を設定し達成した社員に報いられるよう，2021年には人事制度を改定いたしました。一人一人の社員が日々の仕事の中で成長を実感できるように，上司とメンバーとの1on1ミーティングや成長実感会議（半期に一度，部門の管理職が集い，社員一人一人の成長度や今後のキャリアを議論する人材レビュー会議）といった仕組みも取り入れております。また，「意欲ある人が良い仕事をする」という信念のもと，公募制度を活性化させており，多くの社員が自らの意思で希望するキャリアに就いて活躍しております。今後は社員の多様化する就業観に応えるべく，キャリアコースの選択肢を増やし，個々の職務に応じた処遇を設定することで，適所適材を実現してまいります。

ハ．経営者人材育成

　　当社グループが持続的に成長するために，経営者人材を育成することは最重要課題の一つと捉えております。主要ポストを設定し，当該ポストに必要なスキル・経験を定義づけ，後継者候補一人一人に対してジョブローテーションを含む育成計画を策定し，年に一度，CEOと部門長による面談で育成の進捗を確認しております。また，経営者に必要なマインドセットや知識・スキルを習得する研修プログラム「経営者アカデミー」を継続的に実施しております。

　　経営者人材の育成にはできるだけ早い時期からマネジメント経験を積むことが重要だと考えております。そのため，組織をSBC（Strategic Business Cell）と呼ばれる小チームに分け，より多くの社員が早期にSBCリーダーとしてマネジメント経験を積めるようにしております。また，公募制度を活用し，非管理職の若年層でも自ら手を挙げ，管理職ポストにチャレンジし，活躍している社員も多くおります。

b．当社グループのバリューへの共感

　　世界中で活躍する全社員が一体感を持って仕事をするため，また，全ての活動の拠り所として日清食品のミッション・ビジョン・バリューと行動指針である日清10則の浸透に力を入れております。

　　年に7，8回開催する朝礼でトップメッセージを発信したり，入社時や周年イベントとして理念研修を実施したり，チーム単位で創業者精神やビジョン等

(point) **主要な設備の状況**

　　「設備投資等の概要」では各セグメントの1年間の設備投資金額のみの掲載だが，ここではより詳細に，現在セグメント別，または各子会社が保有している土地，建物，機械装置の金額が合計でどれくらいなのか知ることができる。

をディスカッションする職場ミーティングを年2回実施したりと，あらゆるタッチポイントで啓発を行っております。

"NISSIN CREATORS AWARD"の実施

　当社のミッション・ビジョン・バリューを体現した創造的な仕事を表彰する"NISSIN CREATORS AWARD"を年に1回実施しております。世界各地の事業会社・多様な職種から多数のエントリーがあり，役員による審査とともに従業員投票を実施することで全社員参加型のイベントとしております。表彰候補案件に対し，功績が生み出されたプロセスを動画配信することで，受賞者の行動や想いを伝えております。この取り組みを通して，「EARTH FOOD CREATOR（食文化創造集団）」としてのスピリットを伝承していくとともに，社員同士が様々な創造的な仕事を理解し合い，称え合い，高め合う文化の醸成へと繋げていきたいと考えております。

日清食品グループのミッション・ビジョン・バリュー

常に新しい食の文化を創造し続ける
"EARTH FOOD CREATOR（食文化創造集団）"
として、環境・社会課題を解決しながら持続的成長を果たす

Mission
創業者精神
食足世平　食創為世
美健賢食　食為聖職

Vision
EARTH FOOD CREATOR

Value
大切な4つの思考

日清10則（行動指針）

01. ブランドオーナーシップを持て。
02. ファーストエントリーとカテゴリーNo.1を目指せ。
03. 自ら創造し、他人に潰されるくらいなら、自ら破壊せよ。
04. 外部の英智を巻き込み、事業を加速させよ。
05. 純粋化した組織は弱い。特異性を取り込み、変化できるものが生き残る。
06. 知識と経験に胡坐をかくな。自己研鑽なき者に未来はない。
07. 迷ったら突き進め。間違ったらすぐ戻れ。
08. 命令で人を動かすな。説明責任を果たし、納得させよ。
09. 不可能に挑戦し、ブレークスルーせよ。
10. 仕事を楽しむのも仕事である。それが成長を加速させる。

---

point **設備の新設，除却等の計画**

　ここでは今後，会社がどの程度の設備投資を計画しているか知ることができる。毎期どれくらいの設備投資を行っているか確認すると，技術等での競争力維持に積極的な姿勢かどうか，どのセグメントを重要視しているか分かる。また景気が悪化したときは設備投資額を減らす傾向にある。

c. 多様性の尊重

　　当社グループは，創造的かつ変化適応力の高い組織であり続けるために，多様な強み・専門性を持った人材の採用，起用を積極的に進めております。

　　また，「日清食品グループ人権方針」では人種，民族，国籍，宗教，信条，出身地，性別，性的指向，性自認，年齢，障がい等に基づく差別及びハラスメントの禁止を明示しており，多様な属性や価値観を持つ社員を尊重し，活躍できる職場を目指しております。

イ．ダイバーシティ委員会の活動

　　2015年には社内有志メンバーによる「ダイバーシティ委員会」を設け，人事部と両輪となり，ダイバーシティ・エクイティ＆インクルージョンを推進しております。意欲ある社員がハンズアップし，社内のコミュニケーション活性化や属性ごとの課題解決のためのENG（Employee Networking Groups）を発足し，様々なイベントや勉強会を実施することでインクルーシブな組織風土を醸成しております。会社も社員の自発的な活動を応援しており，メンバーとして活動に参加している社員には就業時間中の5〜10％を当活動に充てることを公式に認めております。

ロ．女性活躍推進

　　ダイバーシティ・エクイティ＆インクルージョンの中でも女性活躍推進を経営の優先課題として捉え，育児と両立しながら働きやすい就業制度や社内の意識改革に力を入れてまいりました。その結果として国内中核企業において「プラチナくるみん（2019年認定）」，「準なでしこ（2019年，2020年認定）」に選定されております。現状は男性社員の育児参加を促すための啓発活動も実施しております。

　　働きやすさに加え，重要なポジションで女性の活躍を増やしていけるよう，2025年度末の女性管理職比率10％（※1）を数値目標として掲げております。また，経団連が推進する「2030年30％へのチャレンジ（※2）」に賛同し，女性の人材プールの拡充と育成を推進しております。目標を達成するため，各部門での数値目標の設定，役員自らが育成にコミットするスポンサープログラムの実施，上司がダイバーシティ環境下でのマネジメント方法を学ぶ研修プログ

(point) **株式の総数等**

　　発行可能株式総数とは，会社が発行することができる株式の総数のことを指す。役員会では，株主総会の了承を得ないで，必要に応じてその株数まで，株を発行することができる。敵対的TOBでは，経営陣が，自社をサポートしてくれる側に，新株を第三者割り当てで発行して，買収を防止することがある。

ラムの実施，女性自身のリーダーシップ開発をする研修プログラムの実施，ダイバーシティ委員会主導での女性同士のネットワーキングの形成など多方面で推進しております。

※1　数値は国内中核企業（日清食品ホールディングス（株），日清食品（株），日清食品チルド（株），日清食品冷凍（株））の目標値。なお国内中核企業における比率は，グループ会社への出向者を含めた日清食品原籍の社員の集計値を指す。
※2　2030年までに役員に占める女性比率を30％以上にすることを目指した経団連の取り組み

（3）　リスク管理 ···

　当社グループでは，取締役会の管理下に「総合リスク対策委員会」を設置し，リスクの管理状況を把握し，企業価値の毀損を回避するよう努めております。各年度に1度，事業会社社長および各チーフオフィサーによるリスク評価報告を基に，発生可能性と影響度の2軸で構成されるリスクマップにて各リスクを4段階のステージに分けて評価し，管理方針を定めて管理状況を取締役会に報告しております。また環境・安全リスクに対応する組織をサステナビリティ委員会のもとに設置しており，環境面等における重大事故が発生した際は，マニュアルに従って直ちに対応し，事態の収拾と解決にあたります。

　リスクの抽出・評価アプローチおよび特定したリスクの管理方法について，「第2 事業の状況 3 事業等のリスク」に記載しております。

（4）　指標及び目標 ···
①　EARTH FOOD CHALLENGE 2030

　当社グループは2020年4月に策定した環境戦略「EARTH FOOD CHALLENGE 2030」の中で，気候変動問題に対する取り組みや資源の有効活用に関する目標を定めております。

(point) **連結財務諸表等**

　ここでは主に財務諸表の作成方法についての説明が書かれている。企業は大蔵省が定めた規則に従って財務諸表を作るよう義務付けられている。また金融商品法に従い，作成した財務諸表がどの監査法人によって監査を受けているかも明記されている。

環境戦略「EARTH FOOD CHALLENGE 2030」実績

2030年に向けた環境目標		目標値	直近実績
有効資源活用へのチャレンジ	持続可能なパーム油の調達比率	100%	37.7%（※1）
	水使用量…IFRS売上収益100万円あたり	12.3㎥/百万円	10.5㎥/百万（※1）
	廃棄物再資源化率…日本国内	99.5%	99.8%（※1）
	販売・流通領域における廃棄物削減…2015年度対比/日本国内	△50.0%	△47.1%（※2）
気候変動問題へのチャレンジ	CO2排出削減量：Scope 1＋2…2018年対比/国内外（※3）	△30.0%	△4.0%（※1）
	CO2排出削減率：Scope 3…2018年対比/国内外（※3）	△15.0%	0.4%（※1）

※1　2022年実績

※2　2021年度実績

※3　2023年5月にCO2排出削減の目標値をScope1＋2 △42%（2020年比），Scope3 △25%（2020年比）に
　　上方修正

　なお，販売・流通領域における廃棄物削減の一つとして，フードロス対策を実施しております。支援団体への寄贈実績は以下となっております。

フードバンク寄贈実績			
	2020年度	2021年度	2022年度
寄贈食数	70,276	344,698	683,674

②　人材育成方針及び社内環境整備の方針に関する指標の内容並びに当該指標を用いた目標及び実績

　組織のありたい姿を実現するためのマイルストンとして，指標ごとに下図の通り目標値を設定しております。

　年度ごとにモニタリングしながら人事施策に活かしてまいります。

※1〜4　社員エンゲージメント調査のポジティブ回答比率を目標値としている
　　　　MVVはミッション・ビジョン・バリューを指す

（point）**連結財務諸表**

　ここでは貸借対照表（またはバランスシート，BS），損益計算書（PL），キャッシュフロー計算書の詳細を調べることができる。あまり会計に詳しくない場合は，最低限，損益計算書の売上と営業利益を見ておけばよい。可能ならば，その数字が過去5年，10年の間にどのように変化しているか調べると会社への理解が深まるだろう。

①は国内中核企業（日清食品ホールディングス（株），日清食品（株），日清食品チルド（株），日清食品冷凍（株））の2022年度の実績値
②は海外含む主要事業会社の数値。海外事業会社のエンゲージメント調査は隔年実施のため数値は2021年度の実績値
※5　国内中核企業における比率は，グループ会社への出向者を含めた日清食品原籍の社員の集計値を指す

3　事業等のリスク

　文中の将来に関する事項は，当連結会計年度末時点において当社グループが判断したものであります。

（1）　リスクの定義及び管理体制 ……………………………………………

　当社グループ（以下「当社」という。）では，リスクを組織の収益や損益に影響を与える不確実性と定義しています。リスクにはプラス影響とマイナス影響の両面があり，環境変化の中で組織が行う事業・投資により発生するプラス・マイナス影響は機会，インシデントが与えるマイナス影響はリスクと区分しております。機会については，投融資委員会，経営会議，取締役会で判断され，リスクについては「総合リスク対策委員会」で管理されます。

　当社では，代表取締役副社長・COO を委員長とする「総合リスク対策委員会」を設置し，「日清食品グループリスク管理規程」に基づき，日清食品グループに係る種々のリスクの予防・発見・管理及び対応を行っております。特に，商品事故，BCP（事業継続計画），コンプライアンス，情報セキュリティをグループの重点リスクと位置付け，「委員会」を設置し対応を行っております。また，環境・安全リスクに対応する組織を，サステナビリティ委員会のもとに設置しており，環境面等における重大事故が発生したときは，マニュアルに従って直ちに対応し，事態の収拾，解決にあたっております。

　リスク管理体制においては，3ラインモデルを確立し管理・運用しております。第1ディフェンスラインは，各事業部門（国内外関連会社含む）で，各事業部門が所管するリスクオーナーとしてコントロールを行っております。第2ディフェンスラインは，総合リスク対策委員会をはじめとする間接部門で，第1ディフェンスラインのリスク管理状況をモニタリングし，必要な支援・助言・監督を行っております。そして，第3ディフェンスラインは，内部監査部で，組織上独立性を有し，客観的にリスク管理状況を監査し，助言を行っております。

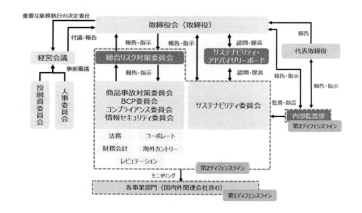

（2）　総合リスク対策委員会の具体的な活動 ･･････････････････････････････････

　総合リスク対策委員会はリスクを一元的に俯瞰し，各主管部門のリスクを洗い出し，リスク事象を予防する仕組みの構築を指示しています。日清食品グループに甚大な影響を及ぼすリスク事象が発生した場合は「グループ重大事案対策本部」を設置し，速やかにリスク事象に対処し，再発防止の対策をたてます。また各年度に１度，事業会社社長および各チーフオフィサーによるリスク評価報告を基に，発生可能性と影響度の２軸で構成されるリスクマップにて各リスクを４段階のステージに分けて評価し，管理方針を定めて管理状況を取締役会に報告しています。

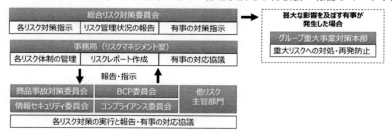

（3）　投資者の判断に重要な影響を及ぼす可能性のある事項 ･･････････････････

　有価証券報告書に記載した事業の状況，経理の状況等に関する事項のうち，投資者の判断に重要な影響を及ぼす可能性のある事項には，以下のようなものがあ

ります。

① **製造物責任**

　当社は，食品メーカーとして，お客様に安全・安心な食品を提供していくことを使命と考え，厳密な品質管理基準を設け生産を行っています。製造工場の取り組みとして，工場への異物混入を防ぐために，社員が生産エリアに入る前に，毛髪や体毛の落下を防止する専用ユニフォームを着用し，非接触による自動検温，粘着ローラー掛け，手洗い，エアドライ，アルコール消毒，シューズクリーン，エアシャワーという段階を踏むなどの衛生管理の徹底や，高性能X線検査機の導入により，アルミニウム片等の異物検査を強化しています。また，製品が品質基準を満たしているかを確認するため，微生物検査やフライ油の酸価および過酸化物価検査，外観検査，重量検査を実施しています。さらに，製品に使われる原材料の自動トレースができるよう，ロットナンバー，製造年月日，納入業者などの原材料情報を管理して，トレーサビリティ，品質管理カメラ，生体認証設備により，問題が発生した場合に原因を究明できる体制を整えています。また，万が一，製造物責任を問われるような事態が発生した場合に備え，製造物責任賠償保険に加入しております。しかしながら，製造物責任上の事故が発生し，損害賠償請求や製品回収を余儀なくされるような事態が発生した場合，すべての賠償額を保険でカバーできる保証はなく，社会的評価や企業イメージの低下は，当社製品に対する消費者の購買意欲を減退させ，当社の財政状態及び業績に影響を及ぼすおそれがあります。

② **食品の安全・安心**

　当社は，「人々の健康と安全を優先した製品およびサービスの創造開発に努める」「製品およびサービスは消費者の身体・財産を傷つけるものであってはならず，その品質に起因する問題には，誠実・迅速に対応して解決を図る」ことを行動規範に掲げています。これを実現するため，グローバル食品安全研究所を中心とした独自の品質保証体制を築き上げ，原材料の安全性及び各工場での品質管理体制の強化を図っております。研究所では，原材料に対して，農薬や動物用医薬品，重金属などの危害物質や放射性物質を分析するほか，遺伝子組み換え農産物やアレルギー物質のコンタミネーションの有無，最終製品の栄養成分などを確認して

います。また，各工場の製造管理状態を「食品安全管理」「有害生物対策」「製造規範」「メンテナンス（機器の定期検査）」「清掃活動」の5カテゴリーで評価する日清食品 食品安全監査基準（NISFOS）に基づいて監査し，そこで抽出された課題に対する改善策を提案しています。しかしながら，将来において当社の想定を超える食品の安全性に関する問題が発生した場合，又は当社製品に直接関係がない場合であっても，風評等により当社製品のイメージが低下するなどの事態が発生した場合，当社の財政状態及び業績に影響を及ぼすおそれがあります。特に，情報がグローバルに拡散される時代において，海外で発生した食品安全問題も国内に大きな影響を及ぼすおそれがあり，中国の日清（上海）食品安全研究開発有限公司では，2006年から日本のグローバル食品安全研究所と同様の分析を実施し，中国および日本向けの原材料に対する品質保証に取り組んでいます。

③ 災害・事故

　当社は，国内外に多数の事業所や工場を有しており，当該地域における大規模な地震や台風などによる風水害，その他の自然災害の発生に対して，事業継続計画（BCP）を策定の上，BCP委員会を設置し，定期的な見直しをしております。また新型コロナウイルス感染症についても，当社は従業員の安全確保と製品の安定供給を社会的責務と考え，オンライン会議の活用などによる在宅勤務環境を整備し，柔軟な勤務体制（ハイブリッドワーク）を構築するとともに工場では高度な衛生基準に基づく生産体制のもと迅速かつ適切な対策を講じております。しかしながら，大規模な地震や洪水などの自然災害や，重篤な感染症（新型コロナウイルス感染症等）のまん延等により，当社の営業拠点や工場が被災もしくは罹患者の増加などの商品供給体制に支障をきたす事象が生じた場合には，当社の財政状態，業績等に影響を及ぼすおそれがあります。このようなリスクを可能な限り回避するため，当社は，BCPに従い，被害状況に応じて災害対策本部を速やかに立ち上げ，社員の生命を守りながら，食品企業の使命として商品供給を第一に考えて，生産・供給体制を維持できる体制をとっております。

④ コンプライアンス

　当社は，世界の各拠点で事業を展開しており，その中で各国の法令や企業倫理等の社会的規範に抵触することで，刑事罰，行政処分，損害賠償責任等の法的

責任の追及や，社会的制裁を受ける懸念があります。こうした事象が発生した場合，当社に対する信頼やブランド価値を低下させる可能性があります。これらのリスクに対して，取締役・CSO 兼 常務執行役員を委員長とする「コンプライアンス委員会」を原則四半期に一度開催し，内部通報窓口への相談・通報の傾向や発生事例の共有，予防策ならびに再発防止策の検討等を実施しています。また，法務部コンプライアンスグループを中心に組成するコンプライアンス委員会事務局および各社・各部署に配置する「コンプライアンス推進責任者」が，実務者として諸課題・諸事案への対応にあたっております。

⑤ 情報セキュリティ

　当社は，生産，販売，管理等の情報をコンピュータを利用した情報システムにより管理しています。これらの情報システムの運用は，構成する機器の故障・不具合や，社外からの電子的攻撃に対して，システム停止や外部への社内情報の漏洩が生じないよう万全の対策を講じています。しかしながら，当社の想定を超えた全世界的な大規模障害や，未知の技術による不正アクセスなどにより，システム障害や外部への社内情報の流出が発生した場合，当社の財政状態及び業績に影響を及ぼすおそれがあります。このようなリスクを可能な限り回避するため，全社的なセキュリティ戦略の策定，有事におけるインシデント対応，平時における教育・啓発等を主導する体制として，2023年3月にグループ IT ガバナンス部を新設し，その下部組織に「サイバーセキュリティ戦略室」，「IT ガバナンス室」を設置し，当社グループの IT ガバナンスを強化し，リスクの低減を図っております。

⑥ 環境

　当社は，気候変動やそれに起因する自然災害により，原材料価格の高騰，製造工場の被災，カーボンプライシング制度の導入や人々の行動様式の変容など，さまざまな影響を受ける可能性があります。そのため，TCFD（気候関連財務情報開示タスクフォース：Task Force on Climate-related Financial Disclosures）提言に則ったシナリオ分析を進め，リスクおよび機会となる要因について科学的根拠をもとに業績に及ぼす影響を引き続き分析・評価しており，将来の不確実性に応じた戦略立案を進めております。そのような中で，当社は2020年4月に2030年までの環境戦略「EARTH FOOD CHALLENGE 2030」を策定し，気候変動に

対する取り組みや資源の有効活用に関する目標を定めております。なかでも,CO2排出量の削減を重要課題と位置付けており,世界で議論されている「今後の平均気温の上昇を1.5℃に抑える」といった水準を意識した目標(スコープ1と2の合計排出量を2020年総量比42%削減,スコープ3では同25%削減。)を掲げております。さらに2021年2月,事業活動で使用する電力の再生可能エネルギー100%調達を目指す国際イニシアチブRE100(Renewable Energy 100%)に参画し,「2030年度までに国内外の事業活動で利用する電力の60%を再生可能エネルギーで調達する」「2050年度までに国内外の事業活動で利用する電力を100%再生可能エネルギーで調達する」ことを掲げ,国内外の製造工場を中心に電力の再生可能エネルギーへの切替えを進めており,規制対応リスクの軽減を図っております。

⑦　ブランド価値毀損

　「チキンラーメン」,「カップヌードル」をはじめとする日本国内における当社の主力製品は,その技術力と商品力により永年に渡りお客様に親しまれてまいりました。しかしながら,即席めん市場では毎年多くの新製品が投入されており,また,今後他社による画期的な技術革新や若年層を中心に価値観の変化が起きることで当社製品のブランド価値を低下させるおそれがあります。そのようなリスクを考慮し,当社の主力製品は,現状維持ではなく常に進化と革新を続け,ニーズの変化への対応や新しい顧客層の取り込みを行い,持続的なブランド価値の向上に努めております。また,海外においてもカップヌードルのグローバルブランディング戦略を中心に,主要地域ごとの市場環境や生活者の価値観の違いを捉えたブランド価値を高めるマーケティング活動をしております。

⑧　有価証券の公正価値下落

　当社は,配当・キャピタルゲインの獲得以外に,経営戦略上,取引先との良好な関係を構築し,効率的・安定的な取引や業務提携等により事業の円滑な推進を図ることで中長期的な企業価値の向上を実現する観点から,必要と判断する株式などの有価証券を保有することがあります。当社が保有する有価証券は,将来の市況の悪化による公正価値下落や投資先の業績不振等により減損処理が必要となる場合があり,当社の財政状態及び業績に影響を及ぼすおそれがあります。

⑨　固定資産の減損

　当社は，事業の用に供するさまざまな固定資産を有しております。それらの固定資産から生み出される将来の収益性によっては減損処理が必要となる可能性があり，当社の財政状態及び業績に影響を及ぼすおそれがあります。このようなリスクを低減するために，投融資委員会において社内基準に基づき経済合理性を十分に吟味し，投資判断を行っている他，実行後も投資効果について継続的にモニタリングを実施しております。

⑩　為替変動

　当社は，グローバルに事業を展開しております。当社の主要な為替リスクとして為替相場の変動による外貨建て仕入値の高騰がありますが，為替予約をおこなうなど為替リスクを低減するための措置をとっております。また各海外地域において所在地国の通貨で作成された財務諸表は，連結財務諸表作成のために機能通貨である円に換算されており，為替相場の変動により当社の財政状態及び業績に影響を及ぼす可能性があります。

⑪　人材

　国内においては生産年齢人口の減少や，コロナ禍後の働き方の変容により，優秀な人材とりわけグローバルな事業領域拡大に応じた人材を適切に確保・育成することが課題となっており，企業経営や主要事業に影響を及ぼすおそれがあります。当社では，多様な人材を受け入れ，個々の能力を存分に発揮できる職場環境の実現に向け，「ダイバーシティ委員会」を設置し，継続的な取り組みを行っているほか，障がい者の雇用を促進するために2013年に「日清食品ビジネスサポートプラス」を設立するなど，人材の確保に努めております。また，働き方改革の一環としてスマートワークプロジェクトに取り組み，より柔軟で生産性の高い働き方が実現できるよう，コアタイムのないフレックスタイム制の導入やテレワークの拡充など制度の整備とIT環境の整備を進め，残業時間の低減や有給取得率の向上にもつなげております。さらに，日清食品（株）では，2023年5月にマルチステークホルダー方針を策定し，Job型人事制度の導入，適切な方法による賃金の引上げ，福利厚生や働き方の選択肢の充実等を含めた総合的な労働条件の向上，従業員エンゲージメントの向上や人材育成の拡充等を通して，人材への取り組み

を強化しております。

⑫　**原材料価格の変動**

　当社製品の主要原材料は，小麦粉・パーム油などの農産物及び包材に使用する石油製品であり，その価格は市場の状況により変動いたします。これらの原産国で政情不安や国際紛争の発生，地球温暖化に伴う天候不順による農作物の不作など，原材料価格の高騰要因が，従来より増加しており，原材料価格が高騰した場合，当社の業績に影響を及ぼすおそれがあります。これらの課題に対するため，市況情報を常に把握し適切なタイミングで購入することや，原材料の産地や購買先を分散化することで価格高騰リスクを低減するなど，安定供給体制の強化に努めております。さらに各国で生産している戦略商品であるカップヌードルの原材料について，日清食品ホールディングス主導で共同調達を行い，安定供給とコストダウンを実現しております。しかしながら，気候変動や環境規制強化による供給の減少，国際的な需要拡大に伴う調達競争の激化，想定を超える原油価格の高騰，地政学的リスクなどの事象が長期化した場合には，原材料価格の高騰や，輸入先・輸入ルートの変更等による調達価格の上昇が，当社グループの経営成績及び財政状態に影響を及ぼすおそれがあります。当社では，国際情勢・市況情報など原材料調達に係る情報を常に把握し，変化に素早く対応できる体制を構築し，安定的に調達できるよう供給体制の強化に努めてまいります。

⑬　**物流**

　物流業界におけるドライバー人材不足，倉庫内作業者不足の問題など，今後は市場供給力が停滞するおそれがあります。これに対して，「ホワイト物流」推進運動の趣旨に賛同し，自主行動宣言を行い，得意先のご協力のもとでのリードタイムの延長，パレットなどの活用，トラック予約受付システムの導入，荷主側の施設面の改善，物流の改善提案と協力などを行っております。また，複数企業との共同輸送や共同保管の取り組み，モーダルシフトの推進など，引き続き持続可能な物流体制にむけ活動してまいります。

⑭　**特定の取引先への依存**

　当社は，製品の販売及び一部原材料の仕入において，特定の取引先に大きく依存しております。販売において，一部の会社につきましては特定の取引先に依存

しておりますが，信用力の極めて高い大手取引先に取引を集中させることで，与信管理の省力化及び信用リスクの低減を図ることが可能なためであります。また，一部原材料の仕入についても特定の取引先に依存しているのは，これらの原材料を効率的に，かつ安定的に調達することが可能であるためであります。取引先に対する与信管理は適切に実施しているものの，これらの取引先の経営状態が悪化した場合は，当社は売掛金の回収が困難となったり，また，原材料の供給が断たれた場合には生産活動が停止することにより，当社の財政状態及び業績に影響を及ぼすおそれがあります。

⑮　海外カントリーリスク

　当社は，海外においても，現地生産・現地販売を基本スタンスに即席めんをはじめとする食品を製造しています。これらの進出国において政情不安や国際紛争が発生した場合には従業員の安全を最優先に対応する方針ですが，このほかにも食品の安全性を脅かす事態や各国での法的規制により生産が困難になる場合，それらの子会社又は当社の財政状態及び業績に影響を及ぼすおそれがあります。これらの課題に対応するため，日清食品ホールディングスに専門性を有するプラットフォームを設置し，各海外現地法人のサポートに努める体制を構築しております。

⑯　人口動態

　日本国内では，現在，少子高齢化が急速に進んでおり，当社の主たる購買層である若年ユーザー層の減少が続いており，即席めん市場は，近年の新型コロナウイルス感染症による需要増を除くと，長期的には横ばい傾向にあります。このような状況の中，当社では，シニア層・若年層・女性層など各ターゲット層に対応したきめ細かな製品開発により，新たな喫食機会や価値の創出を図り，顧客層の維持・拡大に努めております。一方で海外においては，若年層は増加しボリュームゾーンとなっているため積極的に若者へのアプローチを強化する製品開発・コミュニケーション活動を展開しております。このように国内と海外主要地域における様々な人口動態の変化に柔軟に対応しながら，グローバルでの顧客の継続的な拡大に取り組んでおります。

⑰　顧客ニーズの多様化

　食における顧客ニーズの多様化が進む中，オーバーカロリーによる肥満や生活習慣病などの健康の問題が世界中で拡大しています。さらには，間違ったダイエット方法などによる隠れ栄養失調，シニアの食欲低下に伴う栄養摂取不足などによるフレイルなどの新たな社会課題にも直面しております。

　当社は，即席めん事業で培った独自のフードテクノロジーを駆使することで「見た目やおいしさはそのままに，カロリーや塩分，糖質，脂質などがコントロールされ，必要な栄養素のバランスを整えた食」を開発し，事業展開しております。この新規事業を中長期成長戦略の３つの成長戦略テーマの一つに掲げ，新たなビジネスモデルの創造を推進していくことで，社会課題の解決に努めてまいります。

4　経営者による財政状態，経営成績及びキャッシュ・フローの状況の分析

（1）　経営成績等の状況の概要

　当連結会計年度における当社グループの財政状態，経営成績及びキャッシュ・フロー（以下「経営成績等」という。）の状況の概要は次のとおりであります。

①　財政状態及び経営成績の状況

　当連結会計年度における世界経済は，新型コロナウイルス感染症の影響長期化に加え，地政学的リスクの高まり・インフレや政策金利の引き上げ・金融不安の拡大などの要因により，大きな影響を受けました。国内においても，約32年ぶりの円安水準や資源価格の高騰に伴う消費者物価指数の上昇など，先行きが不透明な状況が継続し，消費者の動向にも変化が生じています。

　かかる環境下，即席めん業界においては，原材料価格の高騰を中心とした不安定要因があったものの，新型コロナウイルス感染症の期間を通じて生じた生活様式・働き方の変化と相まって，インフレ的な環境下においても，即席めんの簡便性・利便性や相対的な価格の手頃感，そしてタイムパフォーマンスに優れている点などの商品価値が世界的に評価され，多くの地域で需要が増加し，世界総需要は過去最高となりました。

　こうした中で，当社グループは，2030年に向けた「中長期成長戦略2030」で掲げたビジョンの実現と持続的成長に向け，成長戦略テーマである①既存事業の

キャッシュ創出力強化，②EARTH FOOD CHALLENGE 2030，③新規事業の推進に取り組んでおります。

a. 財政状態

当連結会計年度末の資産合計は，前連結会計年度末に比べ249億50百万円増加し，7,083億74百万円となりました。

当連結会計年度末の負債合計は，前連結会計年度末に比べ15億91百万円増加し，2,404億24百万円となりました。

当連結会計年度末の資本合計は，前連結会計年度末に比べ233億59百万円増加し，4,679億49百万円となりました。

なお，詳細につきましては「(2)経営者の視点による経営成績等の状況に関する分析・検討内容 ② 当連結会計年度の経営成績等の状況に関する認識及び分析・検討内容」に記載しております。

b. 経営成績

当連結会計年度の経営成績は，売上収益では前期比17.5％増の6,692億48百万円となりました。利益面では，既存事業コア営業利益（注1）は前期比21.5％増の601億92百万円，営業利益は前期比19.4％増の556億36百万円，税引前利益は前期比17.8％増の579億50百万円，親会社の所有者に帰属する当期利益は前期比26.4％増の447億60百万円となりました。

また，為替変動による影響を除くと，売上収益では前期比10.9％増の6,316億62百万円，既存事業コア営業利益は前期比13.1％増の560億68百万円となりました。（注2）

なお，詳細につきましては「(2)経営者の視点による経営成績等の状況に関する分析・検討内容 ② 当連結会計年度の経営成績等の状況に関する認識及び分析・検討内容」に記載しております。

(注1) 既存事業コア営業利益とは，営業利益から新規事業にかかる損益および非経常損益としての「その他収支」を控除したものであり，中長期成長戦略上，2022年3月期以降，積極的かつ継続的な先行投資を予定する新規事業にかかる損益を分離し，その成長投資の基盤となる既存事業の実質的な成長を測定することを目的に採用している指標であります。

(注2) 2023年3月期の外貨金額を，前期の為替レートで円換算して比較しております。（注2）2022年3月期の外貨金額を，前期の為替レートで円換算して比較しております。

＜連結業績＞

（単位：百万円）

区分	前連結会計年度 自　2021年4月1日 至　2022年3月31日	当連結会計年度 自　2022年4月1日 至　2023年3月31日	前期比	
			金額	％
売上収益	569,722	669,248	99,526	17.5
既存事業コア営業利益	49,559	60,192	10,633	21.5
営業利益	46,614	55,636	9,022	19.4
税引前利益	49,182	57,950	8,767	17.8
親会社の所有者に 帰属する当期利益	35,412	44,760	9,347	26.4

　報告セグメント別の経営成績は次のとおりであります。

　なお，当連結会計年度より，従来，「調整額」に含めて記載していた「新規事業」について，「その他」に含めて記載する方法に変更しております。

　以下の前期比較は前期の数値を変更後のセグメント区分に組み替えた数値で比較しております。

（日清食品）

　日清食品（株）の販売状況は，カップめん類，袋めん類が売上を伸ばし，前期比で増収となりました。カップめん類では，2023年2月に発売した鶏のうまみをしっかりときかせた"コク旨"な鶏塩スープの「カップヌードル ねぎ塩」が大きく売上に貢献しました。また，「カップヌードル」のおいしさはそのままに塩分を30％カットするとともに，1日分のカルシウムとビタミンＤを配合した2023年3月新発売の「カップヌードル 塩分控えめPRO 1日分のカルシウム＆ビタミンＤ」をはじめ，「カップヌードルPRO」シリーズが順調に推移し，前期比で増収となりました。袋めん類では，2022年7月に発売を再開した"そのままかじる用"に新開発された「0秒チキンラーメン」，2022年9月にリニューアルした「日清これ絶対うまいやつ♪」シリーズ，おかずに，おやつに，お夜食にちょうどいい「お椀で食べる」シリーズが好調に推移し，前期比で増収となりました。カップライス類は，「日清カレーメシ」シリーズが引き続き好調で売上に貢献し増収となりました。

　利益面では，売上の増加による利益の増加がありましたが，原材料価格の上昇等により減益となりました。

　この結果，報告セグメントにおける日清食品の売上収益は，前期比4.5％増の

2,202億4百万円，コア営業利益（注3）は，前期比13.2％減の265億54百万円，営業利益は，前期比13.1％減の267億95百万円となりました。

（明星食品）

　明星食品（株）の販売状況は，"全麺改良"をテーマに主要ブランドからプレミアム商品，バリュー商品まで商品価値向上を推進し，前期比で増収となりました。

　カップめん類では，「明星 濃いぜ！一平ちゃんBIG」が貢献したほか，麺にねり込むソース量を増量し，香ばしさをアップした「明星 一平ちゃん夜店の焼そば」が好調でした。また，"アレンジして楽しめる一杯"として2022年9月に新発売した「でっせ」シリーズや，2022年7月にリニューアルした「明星 至極の一杯」シリーズなどバリュー商品も好調で，前期比で増収となりました。

　袋めん類では，ホッとする味わいを訴求した「明星 チャルメラ」が，幅広い層から支持を得ている"ちいかわ"とのコラボパッケージの好評もあり売上を伸ばし，前期比で増収となりました。

　利益面では，売上の増加による利益の増加がありましたが，原材料価格の上昇等により前期比で減益となりました。

　この結果，報告セグメントにおける明星食品の売上収益は，前期比6.8％増の405億11百万円，コア営業利益（注3）は，前期比3.9％減の23億13百万円，営業利益は，前期比2.9％減の23億73百万円となりました。

（低温・飲料事業）

　チルド事業は，「麺の達人」や「スープの達人」が伸長したほか，「日清焼うどん」や冷しめん類等が堅調に推移しました。一方，市場環境の変化等によりラーメン群全体では販売減となり前期比で減収となりました。利益面では，エネルギー費・原材料費の高騰により前期比で減益となりました。

　冷凍事業は，ラーメン類では「冷凍 日清ごくり。」，「冷凍 日清本麺」，パスタ類では「冷凍 日清スパ王プレミアム」の各シリーズの売上が堅調に推移し，前期比で増収となりました。利益面では，原価率の上昇により前期比で減益となりました。

　飲料事業は，日清ヨーク（株）の「ピルクル400」シリーズや「十勝のむヨーグルト」シリーズが好調に推移，更に2022年9月に発売した"睡眠の質を改善し，

財務諸表

　この項目では，連結ではなく単体の貸借対照表と，損益計算書の内訳を確認することができる。連結＝単体＋子会社なので，会社によっては単体の業績を調べて連結全体の業績予想のヒントにする場合があるが，あまりその必要性がある企業は多くない。

疲労感を軽減する "「ピルクル ミラクルケア」がプラスオンとなり，前期比で増収となりました。利益面では，エネルギー費・原材料費の高騰がありましたが，増収により吸収し，前期比で増益となりました。

　この結果，報告セグメントにおける低温・飲料事業の売上収益は，前期比7.4%増の868億38百万円，コア営業利益（注3）は，前期比20.0%増の39億23百万円，営業利益は，前期比12.9%増の38億90百万円となりました。

（菓子事業）

　菓子事業では，日清シスコ（株）は菓子の販売が堅調に推移したものの，シリアルの販売の伸び悩みや原材料高騰等により，前期比で減収減益となりました。ぽんち（株）は「ピーナツあげ」や「辛子明太子大型揚せん」をはじめとした主力商品が好調に推移しましたが，原材料高騰等の影響により，前期比で増収減益となりました。また，（株）湖池屋においては高付加価値戦略を着実に推進するとともに，主力商品の「湖池屋ポテトチップス」シリーズやリニューアルをした「スコーン」を中心に販売が拡大し，前期比で増収となりました。利益面では，海外における急激な原材料高騰等がありましたが，国内において順次実施している価格改定が奏功し，前期比で増益となりました。

　この結果，報告セグメントにおける菓子事業の売上収益は，前期比7.3%増の740億57百万円，コア営業利益（注3）は，前期比10.1%減の28億40百万円，営業利益は，前期比15.0%減の27億68百万円となりました。

（米州地域）

　米州地域においては，既存商品の収益力向上に加え，新たな需要の創造に向けた付加価値商品の提案強化や導入推進に取り組んでおります。

　売上については，インフレや資材価格高騰等に伴い価格改定を実施し，価格浸透を図りつつ各国の戦略を着実に実行しております。ブラジルでは積極的な営業・マーケティング施策の連動により主力商品「Nissin Lamen」や「CUP NOODLES」の堅調な売上に加え，新商品「U.F.O.」の販売開始も売上増に貢献しました。米国においても，引き続き高い即席めん需要が続く中，価格改定の実施・浸透や差別優位性を明確にした付加価値商品の販売好調に加え，普及価格帯商品の堅調な推移により，セグメント全体で増収となりました。

利益については，主要原材料の高騰がありましたが，価格改定による販売単価増の増収効果，高価格帯商品の販売食数増，為替影響等によりセグメント全体で増益となりました。

　この結果，報告セグメントにおける米州地域の売上収益は，前期比60.4％増の1,400億42百万円，コア営業利益（注3）は，前期比324.2％増の124億97百万円，営業利益は，前期比316.7％増の124億83百万円となりました。

　なお，為替変動による影響を除くと，売上収益は，前期比31.1％増の1,145億29百万円となり，コア営業利益は，前期比247.0％増の102億23百万円となりました。（注4）

（中国地域）

　中国地域においては，中国大陸での高付加価値商品市場が拡大しており，販売エリア拡大と中国版カップヌードル「合味道」のブランド強化に取り組んでおります。売上については，即席めんの価格改定影響により前期比で増収となりました。利益については，原材料費の上昇を売上増により吸収し，前期比で増益となりました。なお，対円での現地通貨高についても，売上，利益ともにポジティブな影響となりました

　この結果，報告セグメントにおける中国地域の売上収益は，前期比19.2％増の661億28百万円，コア営業利益（注3）は，前期比27.5％増の78億36百万円，営業利益は，前期比39.4％増の84億21百万円となりました。

　なお，為替変動による影響を除くと，売上収益は，前期比3.5％増の574億2百万円となり，コア営業利益は，前期比11.2％増の68億35百万円となりました。（注4）

　また，報告セグメントに含まれない事業セグメントである国内のその他事業並びに欧州地域，アジア地域，新規事業を含んだ「その他」の売上収益は，前期比46.5％増の414億64百万円となり，コア営業利益（注3）は，前期比62.4％増の56億25百万円，営業利益は，前期比71.8％増の53億32百万円となりました。

　なお，為替変動による影響を除くと，売上収益は，前期比34.6％増の381億19百万円となり，コア営業利益は，前期比37.9％増の47億77百万円となりました。（注4）

(注3) コア営業利益とは，営業利益から非経常損益としての「その他収支」を控除したものであります。

(注4) 2023年3月期の外貨金額を，前期の為替レートで円換算して比較しております。

＜報告セグメントの売上収益及びセグメント利益＞

（単位：百万円）

報告セグメント	売上収益		前期比	セグメント利益		前期比
	2022年3月期	2023年3月期		2022年3月期	2023年3月期	
日清食品	210,783	220,204	9,421	30,839	26,795	△4,043
明星食品	37,920	40,511	2,590	2,445	2,373	△71
低温・飲料事業	80,867	86,838	5,971	3,444	3,890	445
菓子事業	69,031	74,057	5,026	3,257	2,768	△488
米州地域	87,328	140,042	52,713	2,995	12,483	9,487
中国地域	55,478	66,128	10,650	6,039	8,421	2,382
その他	28,312	41,464	13,152	3,103	5,332	2,229
合計	569,722	669,248	99,526	52,124	62,065	9,940

(注) セグメント利益は，連結損益計算書の営業利益と調整を行っております。

②　キャッシュ・フローの状況

当連結会計年度末における現金及び現金同等物（以下，資金という。）は，873億88百万円となり，前連結会計年度末に比べ146億17百万円の減少となりました。当連結会計年度末における各キャッシュ・フローの状況は以下のとおりであります。

（単位：百万円）

区分	前連結会計年度 自 2021年4月1日 至 2022年3月31日	当連結会計年度 自 2022年4月1日 至 2023年3月31日	前期比
営業活動によるキャッシュ・フロー	52,936	64,809	11,873
投資活動によるキャッシュ・フロー	△3,468	△32,057	△28,588
財務活動によるキャッシュ・フロー	△44,449	△47,676	△3,226
現金及び現金同等物に係る換算差額	6,692	306	△6,386
現金及び現金同等物の増減額（△は減少）	11,711	△14,617	△26,328
現金及び現金同等物の期首残高	90,294	102,005	11,711
現金及び現金同等物の期末残高	102,005	87,388	△14,617

（営業活動によるキャッシュ・フロー）

営業活動による資金の増加は648億9百万円（前期比118億73百万円の資金の増加）となりました。これは主に税引前利益579億50百万円，減価償却費291億98百万円に対して，法人所得税の支払額が131億58百万円，運転資金等の増加が76億44百万円となったことによるものであります。

（投資活動によるキャッシュ・フロー）

　投資活動による資金の減少は320億57百万円（前期比285億88百万円の資金の減少）となりました。これは主に有形固定資産の取得による支出が252億79百万円，投資の取得による支出が105億54百万円となったことによるものであります。

（財務活動によるキャッシュ・フロー）

　財務活動による資金の減少は476億76百万円（前期比32億26百万円の資金の減少）となりました。これは主に配当金の支払額が127億33百万円，自己株式の取得による支出が98億12百万円，長期借入金の返済による支出が86億75百万円，連結範囲の変更を伴わない子会社株式の取得による支出が82億53百万円となったことによるものであります。

③　生産，受注及び販売の実績

a.　生産実績

　当連結会計年度における生産実績をセグメントごとに示すと，次のとおりであります。

セグメントの名称	当連結会計年度 （自　2022年4月1日 至　2023年3月31日）	前期比（％）
日清食品（百万円）	159,879	13.8
明星食品（百万円）	28,844	8.5
低温・飲料事業（百万円）	49,955	8.9
菓子事業（百万円）	78,589	11.9
米州地域（百万円）	101,982	53.4
中国地域（百万円）	43,795	17.9
報告セグメント計（百万円）	463,047	19.7
その他（百万円）	26,875	43.8
合計（百万円）	489,922	20.8

（注）1　米州地域が大きく増加したのは，好調な製品販売及び製造コストの上昇等に伴う増加のほか，為替変動の影響を受けたものであります。

　　　2　セグメント間の取引については相殺消去しております。

b.　受注実績

　重要な受注生産は行っておりませんので，記載を省略しております。

c. 販売実績

当連結会計年度における販売実績をセグメントごとに示すと，次のとおりであります。

セグメントの名称	当連結会計年度 （自　2022年4月1日 至　2023年3月31日）	前期比（%）
日清食品（百万円）	220,204	4.5
明星食品（百万円）	40,511	6.8
低温・飲料事業（百万円）	86,838	7.4
菓子事業（百万円）	74,057	7.3
米州地域（百万円）	140,042	60.4
中国地域（百万円）	66,128	19.2
報告セグメント計（百万円）	627,783	16.0
その他（百万円）	41,464	46.5
合計（百万円）	669,248	17.5

（注）1　主な相手先別の販売実績及び総販売実績に対する割合は，次のとおりであります。

相手先	前連結会計年度 （自　2021年4月1日 至　2022年3月31日）		当連結会計年度 （自　2022年4月1日 至　2023年3月31日）	
	金額（百万円）	割合（%）	金額（百万円）	割合（%）
三菱食品㈱	75,589	13.3	81,654	12.2

　　　2　米州地域が大きく増加したのは，価格改定及び高付加価値製品の販売が好調であることに加えて，為替変動の影響を受けたものであります。

　　　3　セグメント間の取引については相殺消去しております。

（2）　経営者の視点による経営成績等の状況に関する分析・検討内容 ⋯⋯⋯⋯⋯

経営者の視点による当社グループの経営成績等の状況に関する認識及び分析・検討内容は次のとおりであります。

①　重要な会計方針及び見積り

当社グループの連結財務諸表は，「連結財務諸表の用語，様式及び作成方法に関する規則」（以下「連結財務諸表規則」という。）第93条の規定によりIFRSに準拠して作成しております。この連結財務諸表の作成に当たって，必要と思われる見積りは，合理的な基準に基づいて実施しております。

なお，当社グループの連結財務諸表で採用する重要な会計方針は，「第5[経理の状況]1[連結財務諸表等]（1）連結財務諸表　連結財務諸表注記　4．重要な

会計方針　5. 重要な会計上の見積り及び見積りを伴う判断」に記載しております。

② **当連結会計年度の経営成績等の状況に関する認識及び分析・検討内容**
a．経営成績

　当連結会計年度の売上収益は，前期比17.5％増の6,692億48百万円となりました。

　国内即席めん事業においては，価格改定の影響により増収となりました。

　国内非即席めん事業においては，高付加価値製品が好調に推移していることに加えて価格改定の影響もあり，増収となりました。

　海外事業においては，価格改定による販売単価増や高付加価値商品の販売強化のほか，為替変動もポジティブな影響をもたらしたことで各地域において増収となりました。

　当連結会計年度の既存事業コア営業利益は，前期比21.5％増の601億92百万円となり，また当連結会計年度の営業利益は，前期比19.4％増の556億36百万円となりました。

　国内即席めん事業においては，価格改定による増収効果がありましたが，原材料・包材・エネルギーコスト上昇の影響により減益となりました。

　国内非即席めん事業においては，日清ヨーク（株）や（株）湖池屋が貢献し，増益となりました。

　海外においては，資材価格高騰の影響を価格改定，高付加価値製品の販売増により吸収し，さらにPremier Foods plcに対する株式投資について当連結会計年度より持分法を適用していることもあり，増益となりました。

　当連結会計年度の税引前利益は，前期比17.8％増の579億50百万円となり，また当連結会計年度の親会社の所有者に帰属する当期利益は，前期比26.4％増の447億60百万円となりました。これらは主に，営業利益の増加によるものであります。

　なお,当社グループの経営に影響を与える主な要因は，「第2[事業の状況]3[事業等のリスク]」に記載しております。

ｂ．資本の財源及び資金の流動性

（キャッシュ・フローの状況）

　　キャッシュ・フローの状況につきましては，「第2［事業の状況］4［経営者による財政状態，経営成績及びキャッシュ・フローの状況の分析］（1）経営成績等の状況の概要　②キャッシュ・フローの状況」に記載のとおりであります。

（資金の需要と調達）

　　営業活動により獲得したキャッシュ・フローは，企業価値向上に資する各種投資および配当を中心とする株主還元に優先的に配分を行っておりますが，一時的に資金が不足する場合には，必要に応じて，金融機関からの調達および保有資産の売却等によりキャッシュ・フローの確保を行っております。

（資金の流動性）

　　当社グループは，従来より営業活動により安定したキャッシュ・フローを得ており，今後も引き続き資金源になると見込んでいることに加え，主要な国内金融機関に対して，アンコミットメントベースの融資枠を設定しております。また，当社及び主要な国内連結子会社における余剰資金の一元管理を図り，資金効率の向上と金融費用の削減を目的として，CMS（キャッシュマネジメントシステム）を導入しております。

ｃ．財政状態

　　当連結会計年度末の資産合計は，前連結会計年度末に比べ249億50百万円増加し，7,083億74百万円となりました。

　　これは主に非流動資産のその他の金融資産が340億85百万円，現金及び現金同等物が146億17百万円減少した一方，持分法で会計処理されている投資が435億32百万円，営業債権及びその他の債権が118億83百万円，棚卸資産が95億49百万円，有形固定資産が53億32百万円増加したことによるものであります。

　　負債は，前連結会計年度末に比べ15億91百万円増加し，2,404億24百万円となりました。これは主に非流動負債の借入金が84億円，繰延税金負債が49億28百万円減少した一方，営業債務及びその他の債務が170億95百万円

増加したことによるものであります。

　資本は，前連結会計年度末に比べ233億59百万円増加し，4,679億49百万円となりました。これは主にその他の資本の構成要素が112億18百万円，資本剰余金が62億77百万円減少した一方，利益剰余金が398億65百万円増加したことによるものであります。

　これらの結果，親会社所有者帰属持分比率は前連結会計年度末の59.6％から60.8％となり，1.1ポイント増加しました。

d．経営方針・経営戦略，経営上の目標の達成状況を判断するための客観的な指標等

　当社グループは，2030年に向けた「中長期成長戦略2030」を策定いたしました。

　ビジョンの実現と持続的成長に向け，成長戦略テーマである①既存事業のキャッシュ創出力強化，②EARTH FOOD CHALLENGE 2030，③新規事業の推進に取り組んでおります。

　「中長期成長戦略2030」では，持続的な利益成長に加え，効率的な資本活用，安全性ある負債活用，そして安定的な株主還元の4つをCSV経営上の中長期的経済価値ターゲットとして掲げ，非財務目標との同時実現を追求してまいります。「中長期成長戦略2030」の2022年度の実績数値は下表のとおりです。

価値区分		経営指標	中長期的目標	2023年3月期実績 （※直近実績）
財務	成長性	既存事業コア営業利益（注1） CAGR	1桁台半ば	19.9%
	効率性	ROE	長期的に10%	10.7%
	安全性	純有利子負債／EBITDA倍率	≦2倍	△0.4倍
	安定的な株主還元	配当政策	累進的配当	1株当たり140円 （2022年3月期：130円）
		相対TSR（TOPIX食料品対比）（注2）	＞1倍	1.13倍
非財務 （注3）	有限資源の 有効活用	持続可能なパーム油の調達比率（注4）	100%	37.7% （注6）
		水使用量（IFRS売上100万円あたり）	12.3㎥以下	10.5㎥ （注6）
		流通廃棄物削減率（2015年度対比／日本国内）	△50%	△47.1% （注7）
	気候変動 インパクトの 軽減	CO_2排出削減（Scope1+2）（2018年対比）（注5）	△30%	△4.0% （注6）
		CO_2排出削減（Scope3）（2018年対比）（注5）	△15%	0.4% （注6）

（注）1　IFRS上の営業利益から，積極的な先行投資を予定する「新規事業に係る損益」および非経常損益としての「その他収支」を控除したNon-GAAPの重要経営管理指標

　　　2　相対TSR（TOPIX食料品対比）は，以下の算定式に基づき算出するものとします。

$$ 相対TSR = \frac{対象期間における当社TSR}{対象期間におけるTOPIX食料品（配当込み）の成長率} $$

$$ = \frac{(B+C) \div A}{E \div D} $$

　　　　A：当事業年度の3事業年度前の1月～3月における3か月間の当社株式の終値平均
　　　　B：当事業年度の1月～3月における3か月間の当社株式の終値平均
　　　　C：当事業年度を含む過去3事業年度における1株当たり配当額の累計
　　　　D：当事業年度の3事業年度前の1月～3月における3か月間のTOPIX食料品（配当込み）の終値平均
　　　　E：当事業年度の1月～3月における3か月間のTOPIX食料品（配当込み）の終値平均

　　　3　非財務目標については，2030年度の目標値

　　　4　外部認証の活用および独自アセスメントによる

　　　5　2023年5月にCO_2排出削減の目標値をScope1＋2 △42%（2020年対比），Scope3 △25%（2020年対比）に上方修正

　　　6　2022年実績

　　　7　2021年度実績

設備の状況

1 設備投資等の概要

　当連結会計年度の設備投資の総額は，32,718百万円となり，その主な内容は次のとおりであります。

　日清食品（株）では，関西工場におけるライン増強工事及び各工場における生産性向上のための設備投資を行っております。その他，グループ各社において，生産対応工事や生産能力増強を目的とした新ラインの立ち上げ及び新製法対応工事等を中心に実施いたしました。

　なお，これらに要した資金は，主に自己資金及び借入金により充当しております。

2 主要な設備の状況

（1）　提出会社 ······································

事業所名 （所在地）	セグメントの 名称	設備の内容	帳簿価額							従業 員数 （名）
			建物及び 構築物 （百万円）	機械装置 及び運搬具 （百万円）	工具、器具 及び備品 （百万円）	土地 （百万円） （㎡）	使用権 資産 （百万円）	その他 （百万円）	合計 （百万円）	
大阪本社 （大阪市淀川区）	その他	統括業務施設	1,616	0	28	2,030 (2,266)	0	—	3,676	14 [3]
東京本社 （東京都新宿区）	その他	統括業務施設	226	1	154	—	551	457	1,392	444 [47]
the WAVE （東京都八王子市）	その他	研究用設備 機器	4,495	589	663	1,004 (86,768)	42	139	6,935	308 [86]

（2） 国内子会社

会社名（所在地）	セグメントの名称	設備の内容	帳簿価額							従業員数（名）
			建物及び構築物（百万円）	機械装置及び運搬具（百万円）	工具、器具及び備品（百万円）	土地（百万円）（㎡）	使用権資産（百万円）	その他（百万円）	合計（百万円）	
日清食品㈱ 関西工場（滋賀県栗東市）	日清食品	即席めん製造設備	24,235	21,268	490	5,203（115,544）	2,522	419	54,138	181 [565]
同 静岡工場（静岡県焼津市）	日清食品及び低温・飲料事業	即席めん・冷凍食品及びスープ製造設備	6,558	9,571	181	2,970（125,061）	38	81	19,401	269 [720]
同 関東工場（茨城県取手市）	日清食品	即席めん製造設備	3,249	5,433	182	2,535（51,959）	122	29	11,552	167 [567]
同 下関工場（山口県下関市）	日清食品	即席めん製造設備	1,664	3,968	151	1,179（55,316）	133	272	7,369	109 [358]
同 滋賀工場（滋賀県栗東市）	日清食品	即席めん製造設備	403	411	45	2,667（63,116）	65	65	3,659	77 [131]
明星食品㈱ 埼玉工場（埼玉県比企郡嵐山町・滑川町）	明星食品	即席めん製造設備	5,049	4,187	57	117（64,517）	13	126	9,551	276 [293]
日清ヨーク㈱（東京都中央区）	低温・飲料事業	乳製品製造設備等	3,148	1,868	87	369（53,007）	1,008	262	6,745	203 [18]
㈱湖池屋（東京都板橋区）	菓子事業	菓子製造設備等	4,393	4,644	148	2,377（88,201）	1,201	3,088	15,853	960 [629]
日清シスコ㈱（堺市堺区）	菓子事業	菓子製造設備等	1,529	1,901	81	1,153（55,038）	933	302	5,901	482 [118]

（3）　在外子会社

2023年3月31日現在

会社名 (所在地)	セグメントの名称	設備の内容	帳簿価額							従業員数 (名)
			建物及び構築物 (百万円)	機械装置及び運搬具 (百万円)	工具、器具及び備品 (百万円)	土地 (百万円) (㎡)	使用権資産 (百万円)	その他 (百万円)	合計 (百万円)	
日清食品有限公司 (中国・香港タイポー地区)	中国地域	即席めん製造設備等	16,927	5,327	647	—	3,158	6,349	32,409	3,388 [177]
ニッシンフーズブラジルLtda. (ブラジル　サンパウロ市、ペルナンブーコ州)	米州地域	即席めん製造設備等	5,527	6,589	314	74 (440,764)	—	1,383	13,889	2,457 [14]
ニッシンフーズ (U.S.A.)Co.,Inc. (米国 カリフォルニア州ガーデナ市、ペンシルバニア州ランカスター市)	米州地域	即席めん製造設備等	943	2,809	146	663 (103,091)	3,530	2,294	10,388	1,205 [—]
ニッシンフーズKft. (ハンガリー ケチュケメット市)	その他	即席めん製造設備等	2,922	1,550	291	288 (91,084)	99	877	6,030	461 [144]

(注)　1　従業員数の［　］は、臨時従業員数を外書きしております。

　　　2　帳簿価額のうち「その他」は、建設仮勘定、無形資産であります。

　　　3　(株)湖池屋の数値は、グループ4社の連結決算数値であります。

　　　4　日清食品有限公司の数値は、グループ18社の連結決算数値であります。

3　設備の新設，除却等の計画

該当事項はありません。

提出会社の状況

1 株式等の状況

(1) 株式の総数等 ···

① 株式の総数

種類	発行可能株式総数（株）
普通株式	500,000,000
計	500,000,000

② 発行済株式

種類	事業年度末現在発行数 （株） （2023年3月31日）	提出日現在発行数 （株） （2023年6月28日）	上場金融商品取引所名又は 登録認可金融商品取引業協会名	内容
普通株式	102,861,500	102,861,500	東京証券取引所 プライム市場	権利内容に何ら限定のない標準となる株式であり、単元株式数は100株であります。
計	102,861,500	102,861,500	－	－

1. 連結財務諸表及び財務諸表の作成方法について ‥‥‥‥‥‥‥‥‥‥‥‥

（1）　当社の連結財務諸表は，「連結財務諸表の用語，様式及び作成方法に関する規則」（昭和51年大蔵省令第28号。以下「連結財務諸表規則」という。）第93条の規定により，国際財務報告基準（以下「IFRS」という。）に準拠して作成しております。

（2）　当社の財務諸表は，「財務諸表等の用語，様式及び作成方法に関する規則」（昭和38年大蔵省令第59号。以下「財務諸表等規則」という。）に基づいて作成しております。

　　　また，当社は，特例財務諸表提出会社に該当し，財務諸表等規則第127条の規定により財務諸表を作成しております。

2. 監査証明について ‥‥‥‥‥‥‥‥‥‥‥‥‥‥‥‥‥‥‥‥‥‥‥‥‥‥‥‥

　当社は，金融商品取引法第193条の2第1項の規定に基づき，連結会計年度（2022年4月1日から2023年3月31日まで）の連結財務諸表及び事業年度（2022年4月1日から2023年3月31日まで）の財務諸表について，有限責任監査法人トーマツによる監査を受けております。

3. 連結財務諸表等の適正性を確保するための特段の取組み及びIFRSに基づいて連結財務諸表等を適正に作成することができる体制の整備について ‥‥‥‥

　当社は，連結財務諸表等の適正性を確保するための特段の取組み及びIFRSに基づいて連結財務諸表等を適正に作成することができる体制の整備を行っております。その内容は以下のとおりであります。

（1）　会計基準等の内容を適切に把握し，又は会計基準等の変更等について的確に対応できる体制を整備するため，公益財団法人財務会計基準機構に加入し，同機構及び監査法人等が主催するセミナー等に参加する等を行っております。

（2）　IFRSの適用については，国際会計基準審議会が公表するプレスリリースや基準書を随時入手し，最新の基準の把握を行っております。また，IFRSに基

づく適正な連結財務諸表を作成するためにIFRSに準拠したグループ会計方針及び会計指針を作成し，それらに基づいて会計処理を行っております。

（1）【連結財務諸表】 ……………………………………………………………………

① 【連結財政状態計算書】

（単位：百万円）

	注記	前連結会計年度 （2022年3月31日）	当連結会計年度 （2023年3月31日）
資産			
流動資産			
現金及び現金同等物	8	102,005	87,388
営業債権及びその他の債権	9，34	89,600	101,483
棚卸資産	10	47,638	57,187
未収法人所得税		590	2,092
その他の金融資産	11，34	10,271	10,770
その他の流動資産	12	9,520	7,240
流動資産合計		259,626	266,162
非流動資産			
有形固定資産	13	260,506	265,839
のれん及び無形資産	14	12,205	11,651
投資不動産	17	7,307	7,224
持分法で会計処理されている投資	3	44,006	87,538
その他の金融資産	11，34	85,107	51,022
繰延税金資産	18	11,990	13,737
その他の非流動資産	12	2,674	5,199
非流動資産合計		423,797	442,211
資産合計		683,423	708,374

	注記	前連結会計年度 （2022年3月31日）	当連結会計年度 （2023年3月31日）
負債及び資本			
負債			
流動負債			
営業債務及びその他の債務	19, 34	123,251	140,346
借入金	20, 34	13,242	12,948
未払法人所得税		5,509	4,474
その他の金融負債	20, 34	3,450	5,007
その他の流動負債	22	22,508	21,981
流動負債合計		167,962	184,758
非流動負債			
借入金	20, 34	31,673	23,272
その他の金融負債	20, 34	16,925	14,850
退職給付に係る負債	23	5,177	5,092
引当金	21	268	484
繰延税金負債	18	14,347	9,418
その他の非流動負債	22	2,478	2,547
非流動負債合計		70,870	55,665
負債合計		238,832	240,424
資本			
資本金	24	25,122	25,122
資本剰余金	24	49,862	43,585
自己株式	24	△11,828	△11,431
その他の資本の構成要素	24	45,221	34,003
利益剰余金	24	299,281	339,147
親会社の所有者に帰属する持分合計		407,660	430,427
非支配持分	36	36,930	37,522
資本合計		444,590	467,949
負債及び資本合計		683,423	708,374

② 【連結損益計算書及び連結包括利益計算書】
【連結損益計算書】

（単位：百万円）

	注記	前連結会計年度 （自　2021年4月1日 至　2022年3月31日）	当連結会計年度 （自　2022年4月1日 至　2023年3月31日）
売上収益	26	569,722	669,248
売上原価		375,219	448,170
売上総利益		194,502	221,078
販売費及び一般管理費	27	151,518	173,823
持分法による投資利益	7	3,656	7,998
その他の収益	28	1,987	2,121
その他の費用	28	2,013	1,737
営業利益		46,614	55,636
金融収益	29	3,071	3,256
金融費用	29	503	943
税引前利益		49,182	57,950
法人所得税費用	18	10,927	9,568
当期利益		38,255	48,381
当期利益の帰属			
親会社の所有者		35,412	44,760
非支配持分	36	2,842	3,620
当期利益		38,255	48,381
1株当たり当期利益	32		
基本的1株当たり当期利益（円）		343.49	440.83
希薄化後1株当たり当期利益（円）		341.53	438.13

【連結包括利益計算書】

（単位：百万円）

	注記	前連結会計年度 （自　2021年4月1日 　至　2022年3月31日）	当連結会計年度 （自　2022年4月1日 　至　2023年3月31日）
当期利益		38,255	48,381
その他の包括利益			
純損益に振り替えられることのない項目			
その他の包括利益を通じて公正価値で 　　測定する資本性金融商品	31	3,386	4,885
確定給付制度の再測定	31	768	2,177
持分法適用会社におけるその他の包 　　括利益に対する持分	31	△28	△8,238
純損益に振り替えられることのない項目 　　合計		4,125	△1,175
純損益に振り替えられる可能性のある項目			
その他の包括利益を通じて公正価値で 　　測定する負債性金融商品	31	4	－
キャッシュ・フロー・ヘッジ	31	49	△29
在外営業活動体の換算差額	31	14,670	5,309
持分法適用会社におけるその他の包 　　括利益に対する持分	31	1,204	3,824
純損益に振り替えられる可能性のある項 　　目合計		15,930	9,103
税引後その他の包括利益		20,056	7,928
当期包括利益		58,311	56,310
当期包括利益の帰属：			
親会社の所有者		52,841	51,538
非支配持分		5,470	4,771
当期包括利益		58,311	56,310

③ 【連結持分変動計算書】

（単位：百万円）

	注記	資本金	資本剰余金	自己株式	新株予約権	在外営業活動体の換算差額	キャッシュ・フロー・ヘッジ	その他の包括利益を通じて公正価値で測定する金融資産
						親会社の所有者に帰属する持分		
						その他の資本の構成要素		
2021年4月1日 残高		25,122	50,636	△6,658	2,653	△9,642	18	42,584
当期利益		—	—	—	—	—	—	—
その他の包括利益	31	—	—	—	—	12,041	48	3,401
当期包括利益合計		—	—	—	—	12,041	48	3,401
自己株式の取得	24	—	△23	△14,640	—	—	—	—
自己株式の処分	24	—	12	268	△280	—	—	—
自己株式の消却	24	—	△45	9,201	—	—	—	—
株式に基づく報酬取引	33	—	—	—	256	—	—	—
配当金	25	—	—	—	—	—	—	—
支配継続子会社に対する持分変動		—	△715	—	—	—	—	—
その他の資本の構成要素から利益剰余金への振替		—	—	—	—	—	—	△5,641
その他の増減		—	△2	—	—	—	—	—
所有者との取引額等合計		—	△774	△5,170	△24	—	—	△5,641
2022年3月31日 残高		25,122	49,862	△11,828	2,629	2,398	66	40,343
当期利益		—	—	—	—	—	—	—
その他の包括利益	31	—	—	—	—	4,257	△32	4,883
当期包括利益合計		—	—	—	—	4,257	△32	4,883
自己株式の取得	24	—	△17	△9,794	—	—	—	—
自己株式の処分	24	—	0	24	△13	—	—	—
自己株式の消却	24	—	△0	10,166	—	—	—	—
株式に基づく報酬取引	33	—	115	—	317	—	—	—
配当金	25	—	—	—	—	—	—	—
支配継続子会社に対する持分変動		—	△6,375	—	—	—	—	—
その他の資本の構成要素から利益剰余金への振替		—	—	—	—	—	—	△24,431
その他の増減		—	—	—	—	—	—	—
所有者との取引額等合計		—	△6,277	397	303	—	—	△24,431
2023年3月31日 残高		25,122	43,585	△11,431	2,933	6,655	33	20,796

	注記	親会社の所有者に帰属する持分					非支配持分	合計
		その他の資本の構成要素						
		確定給付制度の再測定	持分法適用会社におけるその他の包括利益に対する持分	合計	利益剰余金	合計		
2021年4月1日 残高		—	△1,395	34,217	280,697	384,016	37,419	421,435
当期利益		—	—	—	35,412	35,412	2,842	38,255
その他の包括利益	31	761	1,176	17,428	—	17,428	2,628	20,056
当期包括利益合計		761	1,176	17,428	35,412	52,841	5,470	58,311
自己株式の取得	24	—	—	—	—	△14,664	—	△14,664
自己株式の処分	24	—	—	△280	—	0	—	0
自己株式の消却	24	—	—	—	△9,156	—	—	—
株式に基づく報酬取引	33	—	—	256	—	256	—	256
配当金	25	—	—	—	△13,984	△13,984	△4,092	△18,077
支配継続子会社に対する持分変動		—	—	—	—	△715	△1,917	△2,632
その他の資本の構成要素から利益剰余金への振替		△761	3	△6,399	6,399	—	—	—
その他の増減		—	—	—	△86	△89	50	△38
所有者との取引額等合計		△761	3	△6,423	△16,828	△29,196	△5,959	△35,155
2022年3月31日 残高		—	△215	45,221	299,281	407,660	36,930	444,590
当期利益		—	—	—	44,760	44,760	3,620	48,381
その他の包括利益	31	2,082	△4,413	6,777	—	6,777	1,151	7,928
当期包括利益合計		2,082	△4,413	6,777	44,760	51,538	4,771	56,310
自己株式の取得	24	—	—	—	—	△9,812	—	△9,812
自己株式の処分	24	—	—	△13	△11	0	—	0
自己株式の消却	24	—	—	—	△10,166	—	—	—
株式に基づく報酬取引	33	—	—	317	—	432	—	432
配当金	25	—	—	—	△12,733	△12,733	△2,474	△15,207
支配継続子会社に対する持分変動		—	—	—	—	△6,375	△1,549	△7,924
その他の資本の構成要素から利益剰余金への振替		△2,082	8,214	△18,299	18,299	—	—	—
その他の増減		—	—	—	△283	△283	△156	△439
所有者との取引額等合計		△2,082	8,214	△17,995	△4,895	△28,771	△4,179	△32,951
2023年3月31日 残高		—	3,584	34,003	339,147	430,427	37,522	467,949

④ 【連結キャッシュ・フロー計算書】

（単位：百万円）

	注記	前連結会計年度 （自 2021年4月1日 至 2022年3月31日）	当連結会計年度 （自 2022年4月1日 至 2023年3月31日）
営業活動によるキャッシュ・フロー			
税引前利益		49,182	57,950
減価償却費		28,240	29,198
減損損失		431	177
退職給付に係る負債の増減額（△は減少）		△726	△2,610
金融収益及び費用		△2,263	△2,411
持分法による投資損益（△は益）		△3,656	△7,998
固定資産除売却損益（△は益）		389	278
棚卸資産の増減額（△は増加）		△4,134	△7,868
営業債権及びその他の債権の増減額（△は増加）		△5,581	△10,232
営業債務及びその他の債務の増減額（△は減少）		986	10,456
その他		△1,455	6,189
小計		61,413	73,129
利息及び配当金の受取額		5,982	5,156
利息の支払額		△487	△705
法人所得税の支払額		△15,392	△13,158
法人所得税の還付額		1,420	388
営業活動によるキャッシュ・フロー		52,936	64,809
投資活動によるキャッシュ・フロー			
定期預金の預入による支出		△6,506	△2,733
定期預金の払戻による収入		4,500	2,418
有形固定資産の取得による支出		△23,758	△25,279
有形固定資産の売却による収入		591	211
無形資産の取得による支出		△726	△424
投資の取得による支出		△1,304	△10,554
投資の売却、償還による収入		24,376	4,297
連結の範囲の変更を伴う子会社株式の取得による支出		△639	—
その他		△2	7
投資活動によるキャッシュ・フロー		△3,468	△32,057
財務活動によるキャッシュ・フロー			
短期借入金の純増減額	30	△52	△601
長期借入れによる収入	30	1,927	—
長期借入金の返済による支出	30	△5,436	△8,675
リース負債の返済による支出		△5,507	△5,479
自己株式の取得による支出		△14,664	△9,812
配当金の支払額		△13,984	△12,733
非支配株主への配当金の支払額		△4,092	△2,474
非支配株主からの払込みによる収入		178	354
連結の範囲の変更を伴わない子会社株式の取得による支出		△2,817	△8,253
その他		0	0
財務活動によるキャッシュ・フロー		△44,449	△47,676
現金及び現金同等物に係る換算差額		6,692	306
現金及び現金同等物の増減額（△は減少）		11,711	△14,617
現金及び現金同等物の期首残高	8	90,294	102,005
現金及び現金同等物の期末残高	8	102,005	87,388

【連結財務諸表注記】

1. 報告企業

日清食品ホールディングス株式会社（以下，当社）は日本に所在する株式会社です。当社の登記されている本社及び主要な事業所の住所は，当社のウェブサイト（https://www.nissin.com/jp/）で開示しております。当社の連結財務諸表は，当社及び子会社（以下，当社グループ），並びに当社の関連会社に対する持分により構成されております。

当社グループの事業内容及び主要な活動は，「7. 事業セグメント」に記載しております。

2. 作成の基礎

（1） IFRSに準拠している旨に関する事項

当社グループの連結財務諸表は，連結財務諸表規則第1条の2に掲げる「指定国際会計基準特定会社」の要件をすべて満たすことから，連結財務諸表規則第93条の規定により，IFRSに準拠して作成しております。

当社グループの2023年3月31日に終了する年度の連結財務諸表は，2023年6月28日に取締役会によって承認されております。

（2） 測定の基礎

当社グループの連結財務諸表は，公正価値で測定されている金融商品等を除き，取得原価を基礎として作成しております。

（3） 機能通貨及び表示通貨

当社グループの連結財務諸表は，当社の機能通貨である日本円を表示通貨としており，単位を百万円としております。また，百万円未満の端数は切捨てて表示しております。

3. 連結範囲及び持分法適用範囲の重要な変更

当社グループの保有するPremier Foods plcに対する株式投資について，第1

四半期連結会計期間に株式を追加取得し，所有持分比率が22.9％となったことにより，同社に対する株式投資について持分法を適用しております。また，第2四半期連結会計期間に株式を追加取得したことにより，所有持分比率は25.0％となっております。

4. 重要な会計方針 ···
(1) 連結の基礎 ···

　この連結財務諸表は，当社及び子会社の財務諸表並びに関連会社の持分相当額を含んでおります。

① 子会社

　　子会社とは，当社グループが支配している企業をいいます。当社グループが投資先への関与からの変動しうるリターンに対するエクスポージャーに晒されているか，又は当該リターンに対する権利を有する場合で，かつ当該投資先に対するパワーを通じて当該リターンに影響を及ぼす能力を有している場合に，その企業を支配していると判断しております。

　　子会社については，当社グループが支配を獲得した日を取得日とし，その日より当社グループが支配を喪失する日まで連結しております。

　　子会社が適用する会計方針が当社グループの適用する会計方針と異なる場合には，必要に応じて当該子会社の財務諸表の調整を行っております。

　　子会社の一部については，子会社の所在する現地法制度上，当社と異なる決算日が要請されていることにより，決算日を統一することが実務上不可能であるため，当社グループの決算日と異なる日を決算日としています。子会社の決算日が当社の決算日と異なる場合には，連結決算日現在で実施した仮決算に基づく子会社の財務数値を用いております。

　　当社グループ間の重要な内部取引及び債権債務残高，並びに当社グループ間の取引から発生した未実現損益は，相殺消去して連結財務諸表を作成しております。

　　子会社の包括利益については，非支配持分が負の残高となる場合であっても，親会社の所有者と非支配持分に帰属させております。

　　子会社持分を一部処分した際，支配が継続する場合には，資本取引として会

計処理しております。非支配持分の調整額と対価の公正価値との差額は，親会社の所有者に帰属する持分として資本に直接認識されております。

　支配を喪失した場合には，支配の喪失から生じた利得又は損失は純損益で認識しております。

② **関連会社**

　関連会社とは，当社グループが重要な影響力を有している企業をいいます。

　関連会社については，当社グループが重要な影響力を有することとなった日から重要な影響力を喪失する日まで，持分法によって処理しております。

　関連会社が適用する会計方針が当社グループの適用する会計方針と異なる場合には，必要に応じて当該関連会社の財務諸表の調整を行っております。また，関連会社の所在地もしくは発行する株式を上場する現地の法制度上，または他の株主との関係等により，当該関連会社の財務情報の入手可能となる時期に制約があるため，報告期間の末日を統一することが実務上不可能であるため，当社グループの決算日と異なる日を決算日としております。

(2)　企業結合 ···

　企業結合は取得法を用いて会計処理しております。取得対価は，被取得企業の支配と交換に譲渡した資産，引き受けた負債及び当社が発行する資本性金融商品の取得日の公正価値の合計として測定されます。被取得企業における識別可能な資産及び負債は，以下を除いて，取得日の公正価値で測定しております。

・繰延税金資産・負債及び従業員給付契約に関連する資産・負債は，それぞれ IAS 第12号「法人所得税」及び IAS 第19号「従業員給付」に従って認識及び測定しております。

・IFRS 第5号「売却目的で保有する非流動資産及び非継続事業」に従って取得日に売却目的保有に分類され取得した非流動資産又は処分グループは，当該基準書に従って測定しております。

・被取得企業の株式に基づく報酬取引に係る負債もしくは資本性金融商品，又は被取得企業の株式に基づく報酬取引の当社の株式に基づく報酬取引への置

換えに係る負債もしくは資本性金融商品は，IFRS第2号「株式に基づく報酬」に従って測定しております。

取得対価，非支配持分及び取得企業が以前に保有していた被取得企業の資本持分の公正価値の合計額が識別可能な資産及び負債の公正価値を超過する場合は，連結財政状態計算書においてのれんとして計上し，下回る場合には，連結損益計算書において利得として計上しております。

企業結合が生じた報告期間末までに企業結合の当初の会計処理が完了していない場合には，会計処理が完了していない項目は暫定的な金額で測定しております。取得日から1年以内の測定期間に入手した新しい情報が，取得日時点で認識した金額の測定に影響を及ぼすものである場合には，取得日時点で認識した暫定的な金額を遡及修正しております。

取得関連コストは，発生時に費用として認識しております。なお，非支配持分の追加取得については，資本取引として会計処理しているため，当該取引からののれんは認識しておりません。

(3) 外貨換算

外貨建取引は，取引日における直物為替相場又はそれに近似するレートにより機能通貨に換算しております。外貨建の貨幣性資産又は負債は，期末日の直物為替相場により機能通貨に換算しております。当該換算及び決済により生じる換算差額は純損益として認識しております。ただし，その他の包括利益を通じて公正価値で測定する金融資産（以下，FVTOCI）及びキャッシュ・フロー・ヘッジから生じる換算差額については，その他の包括利益として認識しております。

在外営業活動体の資産及び負債（取得により発生したのれん及び公正価値の調整を含む）は期末日の直物為替相場により，収益及び費用は，会計期間中の為替レートが著しく変動していない限り，その期間の平均為替レートにより，それぞれ円貨に換算しており，その換算差額はその他の包括利益として認識しております。在外営業活動体が処分された場合には，当該営業活動体に関連する累積換算差額を処分した期の損益として認識しております。

(4)　金融商品 ···

①　デリバティブを除く金融資産

（ⅰ）　分類

　　　当社グループは，デリバティブ以外の金融資産を，償却原価で測定される金融資産，FVTOCI，又は純損益を通じて公正価値で測定される金融資産（以下，FVTPL）に分類しております。

（A）　償却原価で測定される金融資産

　　　　負債性金融商品に対する投資のうち，契約上のキャッシュ・フローが元本及び利息の支払のみであり，その契約上のキャッシュ・フローを回収することを事業目的としているものについては，償却原価で測定しております。

（B）　その他の包括利益を通じて公正価値で測定される負債性金融商品

　　　　金融資産は，以下の要件を満たす場合にFVTOCIで測定される負債性金融商品に分類しております。

・契約上のキャッシュ・フローの回収と売却の両方によって目的が達成される事業モデルに基づいて保有されている。

・金融資産の契約条件により，元本及び元本残高に対する利息の支払のみであるキャッシュ・フローが所定の日に生じている。

（C）　その他の包括利益を通じて公正価値で測定される資本性金融商品

　　　　償却原価で測定される金融資産，又はFVTOCIで測定される負債性金融商品以外の金融資産のうち，当初認識時に事後の公正価値の変動をその他の包括利益に表示するという取消不能な選択をした資本性金融商品については，FVTOCIで測定される金融資産に分類しております。

（D）　純損益を通じて公正価値で測定される金融資産

　　　　償却原価で測定される金融資産又はFVTOCIで測定される金融資産以外の金融資産は，FVTPLの金融資産に分類しております。FVTPLの金融資産は，当初認識時に公正価値で測定し，取引コストは発生時に純損益で認識しております。

（ⅱ）　当初認識及び測定

　　　当社グループが当該金融商品の契約条項の当事者になった時点で金融資産を

認識しております。

（iii）　事後測定

　　　金融資産の当初認識後の測定は，その分類に応じて以下のとおり測定しております。

（A）　償却原価で測定される金融資産

　　　償却原価で測定される金融資産については，実効金利法による償却原価で測定しており，利息発生額は連結損益計算書の金融収益に含めております。

（B）　その他の包括利益を通じて公正価値で測定される金融資産

　（a）　その他の包括利益を通じて公正価値で測定される負債性金融商品

　　　その他の包括利益を通じて公正価値で測定される負債性金融商品に係る公正価値の変動額は，減損利得又は減損損失及び為替差損益を除き，当該金融資産の認識の中止が行われるまで，その他の包括利益として認識しております。当該金融資産の認識の中止が行われる場合，過去に認識したその他の包括利益は純損益に振り替えております。

　（b）　その他の包括利益を通じて公正価値で測定される資本性金融商品

　　　その他の包括利益を通じて公正価値で測定される資本性金融商品に係る公正価値の変動額は，その他の包括利益として認識しております。当該金融資産の認識の中止が行われる場合，又は公正価値が著しく下落した場合，過去に認識したその他の包括利益は利益剰余金に直接振り替えております。なお，当該金融資産からの配当金については純損益として認識しております。

（C）　純損益を通じて公正価値で測定される金融資産

　　　純損益を通じて公正価値で測定される金融資産については，当初認識後は公正価値で測定し，その変動額は純損益として認識しております。

（iv）　認識の中止

　　　金融資産は，キャッシュ・フローに対する契約上の権利が消滅したか，譲渡されたか，又は実質的に所有に伴うすべてのリスクと経済価値が移転した場合に認識を中止しております。

　　　金融資産の通常の方法による売却は，取引日時点で，認識の中止を行います。

（ⅴ）　金融資産の減損

　　当社グループは償却原価で測定される金融資産及びその他の包括利益を通じて公正価値で測定される負債性金融商品に係る予想信用損失に対する貸倒引当金を認識することとしております。

（信用リスクの著しい増大の判定）
　　当社グループは，各報告日において，金融商品に係る信用リスクが当初認識以降に著しく増大したかどうかを評価しております。
　　なお，信用リスクが著しく増加しているかどうかは，当初認識以降の債務不履行の発生リスクの変化に基づいて判断しており，債務不履行の発生リスクに変化があるかどうかの評価にあたっては，以下を考慮しております。
　　・取引先相手の財務状況の悪化
　　・期日経過の情報
　　・外部信用格付の著しい変化

（予想信用損失アプローチ）
　　予想信用損失は，契約に基づいて当社グループが受け取るべき契約上のキャッシュ・フローと，当社グループが受け取ると見込んでいるキャッシュ・フローとの差額の現在価値であります。金融資産に係る信用リスクが当初認識以降に著しく増大している場合には，当該金融資産に係る貸倒引当金を全期間の予想信用損失に等しい金額で測定し，著しく増加していない場合には，12ヶ月の予想信用損失に等しい金額で測定しております。
　　なお，上記にかかわらず，重大な金融要素を含んでいない営業債権については，貸倒引当金を全期間の予想信用損失に等しい金額で測定しております。
　　金融資産に係る貸倒引当金の繰入額は，純損益で認識しております。

②　デリバティブを除く金融負債
　　金融負債は，その当初認識時に純損益を通じて公正価値で測定する金融負債又は償却原価で測定する金融負債に分類しております。当社グループでは，償却原

価で測定する金融負債については，発行日に当初認識しており，それ以外の金融負債については，契約当事者となった取引日に当初認識しております。

　金融負債は，金融負債が消滅した時，すなわち，契約中に特定された債務が免責，取消し又は失効となった時に認識を中止しております。

（ⅰ）　純損益を通じて公正価値で測定する金融負債

　　純損益を通じて公正価値で測定する金融負債は，当初認識時に公正価値により測定しております。

　　また，当初認識後は公正価値で測定し，その事後的な変動を損益として認識しております。

（ⅱ）　償却原価で測定する金融負債

　　純損益を通じて公正価値で測定する金融負債以外の金融負債は，償却原価で測定する金融負債に分類しております。償却原価で測定する金融負債は，当初認識時に公正価値からその発行に直接起因する取引コストを減額して測定しております。また，当初認識後は実効金利法に基づく償却原価で測定しており，利息発生額は連結損益計算書の金融費用に含めております。

③　デリバティブ及びヘッジ会計

　デリバティブは，デリバティブ契約を締結した日の公正価値で当初認識され，当初認識後は各期末日の公正価値で再測定しております。

　当社グループにおいて，為替変動リスク，金利変動リスク等を軽減するため，為替予約，金利スワップ等の各デリバティブ取引を実施しております。

　再測定の結果生じる利得または損失の認識方法は，デリバティブがヘッジ手段として指定されているかどうか，また，ヘッジ手段として指定された場合にはヘッジ対象の性質によって決まります。

　当社グループは，デリバティブについてキャッシュ・フロー・ヘッジ（認識されている資産または負債，もしくは可能性の非常に高い予定取引に関連する特定のリスクによるキャッシュ・フローの変動のエクスポージャーに対するヘッジ）のヘッジ手段としての指定を行っております。

　当社グループは，ヘッジ開始時に，ヘッジ会計を適用しようとするヘッジ手段

とヘッジ対象との関係，並びにヘッジ取引の実施についてのリスク管理目的及び戦略について文書化をしております。また，ヘッジ取引に利用したデリバティブがヘッジ対象の公正価値，又はキャッシュ・フローの変動を相殺するに際し，ヘッジ有効性の要求をすべて満たしているかどうかについても，ヘッジ開始時に及び継続的に評価し文書化しております。なお，ヘッジ有効性の継続的な評価は，各期末日又はヘッジ有効性の要求に影響を与える状況の重大な変化があった時のいずれか早い方において行っております。

　ヘッジ会計に関する厳格な要件を満たすヘッジは，以下のように会計処理しております。

（ⅰ）　公正価値ヘッジ

　　ヘッジ手段に係る利得又は損失は，純損益として認識しております。ヘッジ対象に係るヘッジ利得又は損失については，ヘッジ対象の帳簿価額を調整し，純損益として認識しております。

（ⅱ）　キャッシュ・フロー・ヘッジ

　　ヘッジ手段に係る利得又は損失のうち有効部分はその他の包括利益として認識し，非有効部分は直ちに純損益として認識しております。

　　その他の包括利益に計上されたヘッジ手段に係る金額は，ヘッジ対象である取引が純損益に影響を与える時点で純損益に振り替えております。ヘッジ対象が非金融資産又は非金融負債の認識を生じさせるものである場合に，その他の包括利益として認識されている金額は，非金融資産又は非金融負債の当初の帳簿価額の修正として処理しております。

　　ヘッジされた将来キャッシュ・フローの発生がもはや見込まれない場合には，従来その他の包括利益を通じて資本として認識していた累積損益を純損益に振り替えております。ヘッジされた将来キャッシュ・フローの発生がまだ見込まれる場合には，従来その他の包括利益を通じて資本として認識されていた金額は，当該将来キャッシュ・フローが発生するまで引き続き資本に計上しております。

④　金融資産及び金融負債の相殺

　金融資産と金融負債は，認識された金額を相殺する強制可能な法的権利が現時

点で存在し，かつ純額ベースで決済するか又は資産を実現すると同時に負債を決済する意図が存在する場合にのみ相殺し，連結財政状態計算書において純額で表示しております。

⑤　金融商品の公正価値

　各報告日現在で活発な市場において取引されている金融商品の公正価値は，市場における公表価格又はディーラー価格を参照しております。活発な市場が存在しない金融商品の公正価値は，適切な評価技法を使用して算定しております。

　公正価値の測定に用いた評価技法へのインプットの観察可能性に応じて算定した公正価値を以下の３つのレベルに分類しております。

　　レベル１…同一の資産又は負債に関する活発な市場における公表市場価格により測定した公正価値

　　レベル２…レベル１以外の資産または負債について，直接又は間接的に観察可能なインプットにより測定した公正価値

　　レベル３…資産又は負債についての観察可能な市場データに基づかないインプットにより測定した公正価値

⑥　金融収益及び金融費用

　金融収益は，受取利息，受取配当金及びデリバティブ利益（その他の包括利益として認識されるヘッジ手段に係る利益を除く）等から構成されております。受取利息は，実効金利法を用いて発生時に認識しております。

　金融費用は，支払利息及びデリバティブ損失（その他の包括利益として認識されるヘッジ手段に係る損失を除く）等から構成されております。

(5)　現金及び現金同等物 ･･

　現金及び現金同等物は，手許現金，随時引き出し可能な預金及び容易に換金可能であり，かつ，価値の変動について僅少なリスクしか負わない取得日から３ヶ月以内に償還期限の到来する短期的な投資等からなっております。

(6) 棚卸資産 ....

棚卸資産の取得原価には，購入原価，加工費及び棚卸資産が現在の場所及び状態に至るまでに要したすべての費用を含んでおります。棚卸資産は，取得原価と正味実現可能価額のいずれか低い金額で測定し，原価の算定にあたっては，主として総平均法を使用しております。また，正味実現可能価額は，通常の事業過程における予想売価から，完成に要する見積原価及び販売に要する見積コストを控除して算定しております。

(7) 有形固定資産 ....

有形固定資産の測定においては原価モデルを採用し，取得原価から減価償却累計額及び減損損失累計額を控除した価額で表示しております。

取得原価には，資産の取得に直接関連する費用，解体，除去及び原状回復費用，並びに資産計上の要件を満たす借入コストを含めております。

土地等の償却を行わない資産を除き，各資産はそれぞれの見積耐用年数にわたって定額法で減価償却を行っております。主要な資産項目ごとの見積耐用年数は，以下のとおりであります。

・建物及び構築物　　　　　15〜50年
・機械装置及び運搬具　　　　　10年
・工具，器具及び備品　　　　2〜22年

なお，見積耐用年数及び減価償却方法等は，各年度末に見直しを行い，変更があった場合は，会計上の見積りの変更として将来に向かって調整しています。

有形固定資産の認識の中止から生じる損益は，その処分（売却）による正味収入と帳簿価額の差額を純損益として認識しております。

(8) 投資不動産 ....

投資不動産は，賃貸収入又は資本増価，もしくはその両方を目的として保有する不動産であります。

投資不動産の測定においては，有形固定資産に準じて原価モデルを採用し，取得原価から減価償却累計額及び減損損失累計額を控除した価額で表示しております。

土地以外の各資産の減価償却費は，それぞれの見積耐用年数にわたって，定額法により算定しております

(9)　のれん及び無形資産 ……………………………………………………

①　のれん

のれんは償却を行わず，取得原価から減損損失累計額を控除した価額で計上しております。

また，のれんは事業を行う地域及び事業の種類に基づいて識別された資産，資金生成単位又は資金生成単位グループに配分し，毎年又は減損の兆候が存在する場合にはその都度，減損テストを実施しております。

のれんの減損損失は純損益として認識されますが，戻入は行っておりません。

②　無形資産

無形資産の測定においては原価モデルを採用し，取得原価から償却累計額及び減損損失累計額を控除した価額で表示しております。

個別に取得した無形資産は，当初認識時に取得原価で測定しております。企業結合において取得した無形資産は，取得時点の公正価値で測定しております。

耐用年数を確定できる無形資産は，それぞれの見積耐用年数にわたって定額法で償却しております。

主な無形資産の見積耐用年数は以下のとおりであります

・ソフトウェア　　　5年

・商標権　　　10〜20年

なお，見積耐用年数及び償却方法等は，各年度末に見直しを行い，変更が必要な場合は，会計上の見積りの変更として将来に向かって調整しています。

耐用年数を確定できない無形資産については，償却を行わず，毎年又は減損の兆候が存在する場合にはその都度，減損テストを実施しております。

新しい科学的又は技術的知識の獲得のために行われる研究活動に対する支出は，発生時に費用計上しております。開発活動による支出については，信頼性をもって測定可能であり，技術的かつ商業的に実現可能であり，将来的に経済的便

益を得られる可能性が高く，当社グループが開発を完成させ，当該資産を使用又は販売する意図及びそのための十分な資質を有している場合にのみ，無形資産として資産計上しております。

（10） リース

（借手側）

リース開始日において，リース負債を未払リース料総額の現在価値で，使用権資産をリース負債の当初測定額に当初直接コスト，前払リース料等を調整し，リース契約に基づき要求される原状回復義務等のコストを加えた額で測定しております。リース期間は，リース契約に基づく解約不能期間に合理的に確実なオプション期間を見積もり調整して決定しております。

使用権資産は，見積耐用年数又はリース期間のいずれか短い方の期間にわたって定額法により減価償却しております。リース料は，利息法に基づき，金融費用とリース負債の返済額とに配分しております。金融費用は連結損益計算書において認識しております。

なお，リース期間が12ヶ月以内の短期リース及び原資産が少額のリースについては，使用権資産及びリース負債を認識せず，当該リースに関連したリース料を，リース期間にわたり定額法又は他の規則的な基礎のいずれかにより費用として認識しております。

（貸手側）

オペレーティング・リース取引の賃貸収入は，リース期間にわたり定額法で認識しております。なお，転貸不動産から得られる賃貸収入は，収益として認識しております。

（11） 非金融資産の減損

当社グループは期末日ごとに，各資産又は資産が属する資金生成単位（又はそのグループ）の減損の兆候の有無を判断しております。減損の兆候が存在する場合は，当該資産の回収可能価額を見積もっております。のれん及び耐用年数を確

定できない，又は未だ使用可能でない無形資産については，回収可能価額を毎期同じ時期に見積っております。

資産又は資金生成単位の回収可能価額は，使用価値と売却コスト控除後の公正価値のうちいずれか高い方の金額としております。

使用価値の算定における見積将来キャッシュ・フローは，貨幣の時間価値に関する現在の市場評価及び当該資産に固有のリスク等を反映した税引前割引率を使用して，現在価値まで割引いております。売却コスト控除後の公正価値の算定にあたっては，利用可能な公正価値指標に裏付けられた適切な評価モデルを使用しております。

資産又は資金生成単位の帳簿価額が回収可能価額を超える場合は，その資産について減損を認識し，回収可能価額まで減損損失を計上しております。

のれん以外の資産に関しては，過年度に認識された減損損失について，その回収可能価額の算定に使用した想定事項に変更が生じた場合等，損失の減少又は消滅の可能性を示す兆候が存在しているかどうかについて評価を行っております。そのような兆候が存在する場合は，当該資産又は資金生成単位の回収可能価額の見積りを行い，その回収可能価額が，資産又は資金生成単位の帳簿価額を超える場合，算定した回収可能価額と過年度で減損損失が認識されていなかった場合の減価償却控除後の帳簿価額とのいずれか低い方を上限として，減損損失を戻し入れております。

（12） 売却目的で保有する非流動資産

継続的な使用ではなく，売却により回収が見込まれる資産又は資産グループのうち，1年以内に売却する可能性が非常に高く，かつ現在の状態で即時に売却可能で，当社グループの経営者が売却を確約している場合には，売却目的で保有する非流動資産又は処分グループとして分類しております。非流動資産は減価償却又は償却は行わず，帳簿価額と売却コスト控除後の公正価値のうち，いずれか低い金額で測定しております。

（13） 従業員給付

① 退職後給付

　当社グループは，確定給付型の制度として，企業年金基金制度，厚生年金基金制度及び退職一時金制度を設けております。また，当社及び一部の連結子会社は，確定給付制度の他，確定拠出年金制度を設けております。

　確定給付型制度においては，各連結決算日に実施する年金数理計算で予測単位積増方式を使用して当期勤務費用を算定し，勤務費用及び純利息費用は発生した期に純損益として認識しております。

　割引率は，将来の毎年度の給付支払見込日までの期間を基に割引期間を設定し，割引期間に対応した期末日時点の優良社債の市場利回りに基づき算定しております。

　当期に発生したすべての数理計算上の差異は，その他の包括利益として認識し，その累計額はその他の資本の構成要素として認識後，直ちに利益剰余金に振り替えています。

　退職後給付に係る負債（純額）は，確定給付制度債務の現在価値から，制度資産の公正価値を控除したものです。

　確定拠出型制度においては，従業員が受給権を得る役務を提供した時点で当社グループの拠出額を費用として認識しております。

② その他の従業員給付

　短期従業員給付については，割引計算は行わず，従業員が関連するサービスを提供した時点で費用として認識しております。

　賞与については，それらの支払を行う現在の法的債務もしくは推定的債務を有しており，信頼性のある見積りが可能な場合に，支払われると見積られる額を負債として認識しております。

　有給休暇債務は，累積型有給休暇制度に係る法的債務又は推定的債務を有し，信頼性のある見積もりが可能な場合に，それらの制度に基づいて支払われると見積られる額を負債として認識しております。

（14）　株式に基づく報酬 ･･

　当社は，当連結会計年度より中長期的な業績の向上と企業価値の増大に貢献す

る意識を高めることを目的として，当社取締役等に対する株式報酬制度「株式給付信託（BBT（=Board Benefit Trust））」を導入しております。持分決済型の株式報酬の付与日における公正価値は，付与日から権利が確定するまでの期間にわたり費用として認識し，同額を資本の増加として認識しております。現金決済型の株式報酬の公正価値は，権利が確定するまでの期間にわたり費用として認識し，同額を負債の増加として認識しております。なお，期末日及び決済日において当該負債の公正価値を再測定し，公正価値の変動を純損益として認識しております。新たな株式報酬制度を導入したことに伴い，ストック・オプション制度は，既に付与されているものを除いて廃止しております。

（15） 引当金

過去の事象の結果として現在の債務（法的債務又は推定的債務）を有しており，当該債務を決済するために経済的資源の流出が生じる可能性が高く，かつ当該債務の金額について信頼できる見積りが可能である場合に引当金を認識しております。貨幣の時間価値の影響が重要な場合には，当該引当金は負債の決済に必要と予想される支出額の現在価値で測定しております。現在価値は，貨幣の時間的価値とその負債に特有なリスクを反映した税引前割引率を用いて計算しております。時間の経過による影響を反映した引当金の増加額は，金融費用として認識しております。

（資産除去債務）

当社グループが使用する賃借建物等に対する原状回復義務及び固定資産に関連する有害物質の除去に備え，過去の実績に基づき将来支払うと見込まれる金額を計上しております。これらの費用は主に1年以上経過した後に支払われることが見込まれておりますが，将来の事業計画等により影響を受けます。

（訴訟損失引当金）

訴訟提起により発生しうる損害賠償等の損失に係る引当金は，訴訟提起されており，外部の第三者に対して損害賠償等を支払わなければならない可能性が高い場合に，当該損害賠償等による損失見積額を認識しております。

（事業損失引当金）

　事業の清算に伴う損失に備えるため，当該損失の見込額を計上しております。事業損失引当金は，詳細な公式計画を有し，かつ計画の実施や公表を通じて，影響を受ける関係者に当該事業清算が確実に実施されると予期させた時点で認識しております。

（16）　顧客との契約から生じる収益

　当社グループでは，以下の5ステップアプローチに基づき，顧客への財やサービスの移転との交換により，その権利を得ると見込む対価を反映した金額で収益を認識しております。
① 　ステップ1：顧客との契約を識別する
② 　ステップ2：契約における履行義務を識別する
③ 　ステップ3：取引価格を算定する
④ 　ステップ4：取引価格を契約における履行義務に配分する
⑤ 　ステップ5：企業の履行義務の充足時に（又は充足するにつれて）収益を
　　　　　　　認識する

　当社グループは，主に即席めん，チルドめん，冷凍めんを主とするめん類の製造販売を中核に，菓子，乳酸菌飲料の販売を行っており，このような製品販売については，製品の引渡時点において顧客が当該製品に対する支配を獲得することから，履行義務が充足されると判断しており，当該製品の引渡時点で収益を認識しております。

　また，収益は，顧客との契約において約束された対価から，値引き，リベート及び返品などを控除した金額で測定しております。

（17）　政府補助金

　政府補助金は，補助金交付のための付帯条件を満たし，かつ補助金を受領することについて合理的な保証が得られた場合に公正価値で認識しております。

　補助金が有形固定資産の取得に関連する場合には，当該補助金は資産の取得原価から控除しております。

（18）　法人所得税 ···

　法人所得税費用は，当期税金及び繰延税金から構成されております。これらは，その他の包括利益又は資本に直接認識される項目から生じる場合，及び企業結合から生じる場合を除き，純損益として認識しております。

①　当期税金費用

　当期の課税所得について納付すべき税額で測定しております。これらの税額は期末日において制定済み，又は実質的に制定されている税率に基づき算定しております。

②　繰延税金費用

　繰延法人所得税は，期末日における資産及び負債の税務基準額と会計上の帳簿価額との間の一時差異に基づいて算定しております。繰延税金資産は，将来減算一時差異，税務上の繰越欠損金や繰越税額控除のような将来の税務申告において税負担を軽減させるものについて，それらを回収できる課税所得が生じる可能性の高い範囲内で認識しております。一方，繰延税金負債は，原則として将来加算一時差異に対して全額を認識しております。

　ただし，次の一時差異に係る繰延税金資産及び負債は認識していません。

・のれんから生じる一時差異

・会計上の利益にも税務上の課税所得にも影響を与えない取引（企業結合取引を除く）によって発生する資産及び負債の当初の認識により生じる一時差異

　連結会社及び関連会社への投資に関する将来加算一時差異に係る繰延税金負債は，一時差異の解消時期を当社がコントロールでき，かつ予測可能な期間内に当該一時差異が解消しない可能性が高い場合には認識していません。

　また，連結子会社及び関連会社への投資に関する将来減算一時差異に係る繰延税金資産は，予測可能な将来の期間に当該一時差異が解消し，かつ，当該一時差異からの便益を利用できる十分な課税所得が生じる可能性が高い範囲でのみ認識しています。

　連結会社は，法人所得税の不確実な税務ポジションについて，税法上の解釈に基づき税務ポジションが発生する可能性が高い場合には，合理的な見積額を資産

又は負債として認識しています。

　繰延税金資産及び負債は，期末日において制定され，または実質的に制定されている法令に基づき，関連する一時差異が解消される時に適用されると予想される税率を使用して算定しています。

　繰延税金資産及び負債は，当期税金資産及び負債を相殺する法律上強制力のある権利を有しており，かつ，法人所得税が同一の税務当局によって同一の納税主体に課されている場合，又は異なる納税主体に課されているもののこれらの納税主体が当期税金資産及び負債を純額ベースで決済することを意図している場合，もしくはこれら税金資産及び負債が同時に実現する予定である場合に相殺しております。

　当社グループは，経済協力開発機構が公表した第2の柱モデルルールを導入するために制定又は実質的に制定された税法から生じる法人所得税に係る繰延税金資産および繰延税金負債に関して，認識及び情報開示に対する例外を適用しております。

(19)　資本

①　普通株式

　普通株式は，発行価額を資本金及び資本剰余金に計上しております。普通株式の発行に係る付随費用は，税効果控除後の金額にて資本金及び資本剰余金から控除しております。

②　自己株式

　自己株式を取得した場合には，取得に直接関連して発生したコストを含めた支払対価を資本から控除しております。自己株式を処分した場合には，受取対価と自己株式の帳簿価額との差額を資本として処理しております。

(20)　1株当たり利益

　基本的1株当たり当期利益は，親会社の普通株主に帰属する当期利益を，その期間の自己株式を調整した発行済普通株式の加重平均株式数で除して計算してお

ります。希薄化後1株当たり当期利益は，希薄化効果を有するすべての潜在株式の影響を調整して計算しております。

（会計方針の変更）

　当社グループは，当連結会計年度より以下の基準を採用しております。

　上記の基準書については，当連結会計年度において重要な影響はありません。

IFRS		改訂の内容
IAS第12号 （改訂）	法人所得税	経済協力開発機構が公表した第2の柱モデルルールを導入するために制定又は実質的に制定された税法から生じる法人所得税の会計処理及び開示の要求事項に対する一時的な例外の導入

（1）【財務諸表】 ‥‥‥‥‥‥‥‥‥‥‥‥‥‥‥‥‥‥‥‥‥‥‥‥‥‥‥‥

① 【貸借対照表】

（単位：百万円）

	前事業年度 （2022年3月31日）	当事業年度 （2023年3月31日）
資産の部		
流動資産		
現金及び預金	49,093	36,141
売掛金	※1 31,298	※1 35,375
原材料及び貯蔵品	3,662	5,058
前払費用	324	286
関係会社短期貸付金	5,405	4,718
未収入金	※1 1,032	※1 1,344
未収還付法人税等	358	1,508
その他	※1 7,226	※1 4,197
貸倒引当金	△81	△84
流動資産合計	98,321	88,545
固定資産		
有形固定資産		
建物	6,749	6,356
構築物	523	487
機械及び装置	365	353
車両運搬具	0	0
工具、器具及び備品	759	942
土地	※2 7,487	※2 7,487
リース資産	88	44
建設仮勘定	368	129
有形固定資産合計	16,342	15,802
無形固定資産		
商標権	1	3
ソフトウエア	642	604
その他	86	67
無形固定資産合計	730	675
投資その他の資産		
投資有価証券	78,731	44,788
関係会社株式	169,564	188,891
関係会社出資金	39,444	42,369
関係会社長期貸付金	14,000	10,000
その他	※1 763	※1 779
貸倒引当金	△112	△112
投資その他の資産合計	302,392	286,715
固定資産合計	319,465	303,194
資産合計	417,786	391,740

	前事業年度 （2022年3月31日）	当事業年度 （2023年3月31日）
負債の部		
流動負債		
支払手形	37	5
買掛金	※1 35,787	※1 41,251
1年内返済予定の長期借入金	6,000	6,000
リース債務	48	45
未払金	※1 6,443	※1 7,799
未払費用	1,445	1,496
未払法人税等	1,084	388
預り金	※1 88,272	※1 92,120
前受収益	96	97
その他	483	426
流動負債合計	139,698	149,630
固定負債		
長期借入金	21,000	15,000
リース債務	49	4
繰延税金負債	6,661	1,732
再評価に係る繰延税金負債	442	442
退職給付引当金	229	227
その他	※1 2,120	※1 2,310
固定負債合計	30,503	19,717
負債合計	170,202	169,348
純資産の部		
株主資本		
資本金	25,122	25,122
資本剰余金		
資本準備金	48,370	48,370
資本剰余金合計	48,370	48,370
利益剰余金		
利益準備金	6,280	6,280
その他利益剰余金		
土地圧縮積立金	2,572	2,572
設備改善積立金	200	200
海外市場開発積立金	200	200
商品開発積立金	300	300
特別勘定積立金	125	125
別途積立金	60,300	60,300
繰越利益剰余金	80,535	74,049
利益剰余金合計	150,513	144,027
自己株式	△11,828	△11,431
株主資本合計	212,178	206,089
評価・換算差額等		
その他有価証券評価差額金	39,220	19,850
繰延ヘッジ損益	71	34
土地再評価差額金	※2 △6,515	※2 △6,515
評価・換算差額等合計	32,776	13,368
新株予約権	2,629	2,933
純資産合計	247,584	222,391
負債純資産合計	417,786	391,740

② 【損益計算書】

（単位：百万円）

	前事業年度 （自 2021年4月1日 至 2022年3月31日）	当事業年度 （自 2022年4月1日 至 2023年3月31日）
売上収益		
経営サポート料収入	※3 17,264	※3 18,143
関係会社受取配当金収入	※3 15,293	※3 14,505
その他の売上収益	※1,※3 17,883	※1,※3 22,192
売上収益合計	50,441	54,841
売上原価		
その他の売上原価	※2,※3 16,051	※2,※3 19,433
売上原価合計	16,051	19,433
売上総利益	34,389	35,407
販売費及び一般管理費		
販売費及び一般管理費合計	※3,※4 17,846	※3,※4 20,413
営業利益	16,542	14,994
営業外収益		
受取利息	※3 69	※3 72
受取配当金	1,427	1,088
為替差益	74	89
その他	※3 121	※3 134
営業外収益合計	1,692	1,385
営業外費用		
支払利息	※3 91	※3 81
自己株式取得費用	23	17
その他	9	0
営業外費用合計	125	100
経常利益	18,109	16,279
特別利益		
固定資産売却益	1	3
投資有価証券売却益	7,828	1,893
特別利益合計	7,829	1,897
特別損失		
固定資産廃棄損	52	32
投資有価証券評価損	※5 4	—
その他	22	112
特別損失合計	78	145
税引前当期純利益	25,860	18,031
法人税、住民税及び事業税	3,236	1,555
法人税等調整額	△1,823	47
法人税等合計	1,413	1,603
当期純利益	24,447	16,428

③ 【株主資本等変動計算書】

前事業年度（自　2021年4月1日　至　2022年3月31日）

（単位：百万円）

	株主資本										
		資本剰余金		利益剰余金							
					その他利益剰余金						
	資本金	資本準備金	その他資本剰余金	利益準備金	土地圧縮積立金	設備改善積立金	海外市場開発積立金	商品開発積立金	特別勘定積立金	別途積立金	繰越利益剰余金
当期首残高	25,122	48,370	32	6,280	2,572	200	200	300	—	60,300	79,354
当期変動額											
剰余金の配当											△13,984
当期純利益											24,447
特別勘定積立金の積立									125		△125
自己株式の取得											
自己株式の処分			12								
自己株式の消却			△45								△9,156
株主資本以外の項目の当期変動額（純額）											
当期変動額合計	—	—	△32	—	—	—	—	—	125	—	1,181
当期末残高	25,122	48,370	—	6,280	2,572	200	200	300	125	60,300	80,535

	株主資本		評価・換算差額等				新株予約権	純資産合計
	自己株式	株主資本合計	その他有価証券評価差額金	繰延ヘッジ損益	土地再評価差額金	評価・換算差額等合計		
当期首残高	△6,658	216,074	41,612	27	△6,515	35,124	2,653	253,852
当期変動額								
剰余金の配当		△13,984				—		△13,984
当期純利益		24,447				—		24,447
特別勘定積立金の積立		—				—		—
自己株式の取得	△14,640	△14,640				—		△14,640
自己株式の処分	268	281				—		281
自己株式の消却	9,201	—				—		—
株主資本以外の項目の当期変動額（純額）		—	△2,392	44	—	△2,347	△24	△2,371
当期変動額合計	△5,170	△3,896	△2,392	44	—	△2,347	△24	△6,268
当期末残高	△11,828	212,178	39,220	71	△6,515	32,776	2,629	247,584

当事業年度（自　2022年4月1日　至　2023年3月31日）

（単位：百万円）

	株主資本										
	資本金	資本剰余金		利益剰余金							
		資本準備金	その他資本剰余金	利益準備金	その他利益剰余金						
					土地圧縮積立金	設備改善積立金	海外市場開発積立金	商品開発積立金	特別勘定積立金	別途積立金	繰越利益剰余金
当期首残高	25,122	48,370	－	6,280	2,572	200	200	300	125	60,300	80,535
当期変動額											
剰余金の配当											△12,736
当期純利益											16,428
自己株式の取得											
自己株式の処分			0								△11
自己株式の消却			△0								△10,166
株主資本以外の項目の当期変動額（純額）											
当期変動額合計	－	－	－	－	－	－	－	－	－	－	△6,485
当期末残高	25,122	48,370	－	6,280	2,572	200	200	300	125	60,300	74,049

| | 株主資本 | | 評価・換算差額等 | | | | 新株予約権 | 純資産合計 |
	自己株式	株主資本合計	その他有価証券評価差額金	繰延ヘッジ損益	土地再評価差額金	評価・換算差額等合計		
当期首残高	△11,828	212,178	39,220	71	△6,515	32,776	2,629	247,584
当期変動額								
剰余金の配当		△12,736				－		△12,736
当期純利益		16,428				－		16,428
自己株式の取得	△9,794	△9,794				－		△9,794
自己株式の処分	24	13						13
自己株式の消却	10,166	－				－		－
株主資本以外の項目の当期変動額（純額）		－	△19,370	△37	－	△19,407	303	△19,103
当期変動額合計	397	△6,088	△19,370	△37	－	△19,407	303	△25,192
当期末残高	△11,431	206,089	19,850	34	△6,515	13,368	2,933	222,391

【注記事項】

（重要な会計方針）

1. 資産の評価基準及び評価方法 ……………………………………………

（1） 有価証券の評価基準及び評価方法 …………………………………

　　① 子会社株式及び関連会社株式…移動平均法による原価法

　　② その他有価証券

　　　市場価格のない株式等以外のもの

　　　　…時価法（評価差額は全部純資産直入法により処理し，売却原価は移動平
　　　　　均法により算定しております。）

　　　市場価格のない株式等

　　　　…移動平均法による原価法

（2） デリバティブの評価基準及び評価方法 ………………………………

　　デリバティブ…時価法

（3） 棚卸資産の評価基準及び評価方法 ………………………………………

　　原材料及び貯蔵品…主として総平均法による原価法（貸借対照表価額について
　　　　　　　　　　　は，収益性の低下による簿価切下げの方法により算定）

2. 固定資産の減価償却の方法 ………………………………………………

（1） 有形固定資産（リース資産を除く。）…………………………………

　　定額法を採用しております。

　　なお，主な耐用年数は以下のとおりであります。

　　　建物　　　　　　　　　15〜50年

　　　工具，器具及び備品　　 4〜15年

（2） 無形固定資産（リース資産を除く。）…………………………………

　　定額法を採用しております。

　　なお，購入ソフトウェアについては，社内における利用可能期間（5年）に基づ

く定額法を採用しております。

（3） リース資産 ･･

所有権移転外ファイナンス・リース取引に係るリース資産については，リース期間を耐用年数とし，残存価額を零とする定額法を採用しております。

3．引当金の計上基準 ･･･
（1） 退職給付引当金 ･･

従業員の退職給付に備えるため，当事業年度末における退職給付債務及び年金資産の見込額に基づき計上しております。なお，退職給付債務の算定にあたり，退職給付見込額を当事業年度末までの期間に帰属させる方法については，給付算定式基準によっております。

数理計算上の差異は発生の翌事業年度に一括して費用処理することとしております。

（2） 貸倒引当金 ･･･

債権の貸倒損失に備えるため，一般債権については過去の貸倒発生率等を勘案した格付に基づき引当率を定め，貸倒懸念債権等特定の債権については個別に回収可能性を検討し，回収不能見込額を計上しております。

4．収益の認識基準 ･･･

「収益認識に関する会計基準」（企業会計基準第29号）及び「収益認識に関する会計基準の適用指針」（企業会計基準適用指針第30号）を適用しており，以下の5ステップアプローチに基づき，顧客への財やサービスの移転との交換により，その権利を得ると見込む対価を反映した金額で収益を認識しております。

① ステップ1：顧客との契約を識別する
② ステップ2：契約における履行義務を識別する
③ ステップ3：取引価格を算定する
④ ステップ4：取引価格を契約における履行義務に配分する

⑤ ステップ5：企業の履行義務の充足時に（又は充足するにつれて）収益を認
識する

当社の収益は，主に子会社からの経営指導料及び受取配当金となります。経営
指導にかかる契約については，当社の子会社に対し経営・企画等の指導を行うこ
とを履行義務として識別しております。当該履行義務は時の経過につれて充足さ
れるため，契約期間にわたって期間均等額で収益を認識しております。

5．ヘッジ会計の方法
（1）ヘッジ会計の方法
繰延ヘッジ処理によっております。ただし，振当処理の要件を満たす為替予約
の付されている外貨建債務については振当処理を行っております。

（2）ヘッジ手段とヘッジ対象
ヘッジ手段…為替予約取引
ヘッジ対象…外貨建債務及び予定取引

（3）ヘッジ方針
当社経営会議で承認された基本方針に従って，財務経理部が取引の管理・実行
を行っており，ヘッジ対象の為替変動リスクを回避する目的でヘッジ手段を利用
しております。

（4）ヘッジ有効性評価の方法
ヘッジ手段とヘッジ対象に関する重要な条件が同一であり，ヘッジ開始時及び
その後も継続してキャッシュ・フロー変動又は相場変動を完全に相殺するものと
想定することができるため，高い有効性があるとみなしております。

6．その他財務諸表作成のための基本となる重要な事項
（1）退職給付に係る会計処理
退職給付に係る未認識数理計算上の差異の未処理額の会計処理方法は，連結

財務諸表におけるこれらの会計処理の方法と異なっております。

（2） 消費税等の会計処理 ···

消費税及び地方消費税の会計処理は，税抜方式を採用しております。

（会計方針の変更）

（「時価の算定に関する会計基準」等の適用）

「時価の算定に関する会計基準の適用指針」（企業会計基準適用指針第31号 2021年6月17日。以下「時価算定基準適用指針」という。）を当事業年度の期首から適用し，時価算定会計基準適用指針第27-2項に定める経過的な取扱いに従って，時価算定基準適用指針が定める新たな会計方針を，将来にわたって適用しております。これによる財務諸表に与える影響はありません。

（重要な会計上の見積り）

当社が行った，財務諸表作成における重要な会計上の見積り及び見積りを伴う判断は，次のとおりであります。

・関係会社株式及び関係会社出資金の評価

（1） 当事業年度の財務諸表に計上した金額 ·······························

（単位：百万円）

	前事業年度 （2022年3月31日）	当事業年度 （2023年3月31日）
関係会社株式	169,564	188,891
関係会社出資金	39,444	42,369

（2） その他の情報 ··

市場価格のない関係会社株式及び関係会社出資金の減損処理の要否は，各関係会社株式又は関係会社出資金の取得原価と発行会社の純資産を基礎として算定した実質価額とを比較し，実質価額が取得原価に比べ50％以上低下した時は実質価額まで減損処理する方針としております。

これらは将来の経済情勢や発行会社の経営状況の影響を受け，翌事業年度の財

務諸表に重要な影響を与える可能性があります。

第2章

食品・飲料業界の"今"を知ろう

企業の募集情報は手に入れた。しかし，それだけでは
まだ不十分。企業単位ではなく，業界全体を俯瞰する
視点は，面接などでもよく問われる重要ポイントだ。
この章では直近1年間の運輸業界を象徴する重大
ニュースをまとめるとともに，今後の展望について言
及している。また，章末には運輸業界における有名企
業（一部抜粋）のリストも記載してあるので，今後の就
職活動の参考にしてほしい。

▶▶「おいしい」を，お届け。

食品・飲料 業界の動向

「食品」は私たちの暮らしに関わりの深い業界で，調味料，加工食品，菓子，パン，飲料など，多様な製品がある。食品に関する分野は多彩だが，人口減少の影響で国内の市場は全体に縮小傾向にある。

❖ 加工食品の動向

2022年の国内の加工食品市場規模は，30兆2422億円となった（矢野経済研究所調べ）。また，同社の2026年の予測は31兆984億円となっている。外食産業向けが回復傾向にあることに加え，食品の価格が値上がりしていることで市場規模は拡大する見込みである。

食べ物は人間の生活に欠かせない必需品のため，食品業界は景気変動の影響を受けにくいといわれる。しかし，日本は加工食品の原料の大部分を輸入に頼っており，為替や相場の影響を受けやすい。一例を挙げると，小麦は9割が輸入によるもので，政府が一括して購入し，各社に売り渡される。大豆の自給率も7％で9割以上を輸入で賄っており，砂糖の原料もまた6割強を輸入に頼っている。そのため，2022年は未曾有の値上げラッシュとなった。2023年度も原料高に加えて人件費の上昇も加算。帝国データバンクによると主要195社の食品値上げは2万5768品目だったことに対し，2023年は年間3万品目を超える見通しとなっている。近年の物流費や人件費の高騰もあり，食品メーカーは，AI・IoT技術を活用した生産体制の合理化によるコストの低減や，値上げによる買い控えに対抗するため「利便性」や「健康志向」など付加価値のある商品の開発を進めている。また，グローバル市場の取り込みも急務で，各国市場の特性を踏まえながら，スピード感を持って海外展開を進めていくことが求められる。

●「利便性」や「健康志向」などをアピールする高付加価値商品

　利便性については，単身世帯の増加や女性の就業率上昇に伴い，簡単に調理が可能な食品の需要が増えている。そんな事情から，カットされた食材や調味料がセットになって宅配されるサービス「ミールキット」の人気が高まっている。2013年にサービスが始まったオイシックスの「Kit Oisix」は，2019年には累計出荷数は4000万食を超えてた。ヨシケイのカフェ風でおしゃれな「Lovyu（ラビュ）」の販売数は2016年5月の発売から1年間で700万食を突破した。また，日清フーズが手がける小麦粉「日清 クッキング フラワー」は，コンパクトなボトルタイプで少量使いのニーズに応え，累計販売数2600万個という異例のヒットとなった。

　健康については，医療費が増大している背景から，政府も「セルフメディケーション」を推進している。2015年4月には消費者庁によって，特定保健用食品（トクホ）・栄養機能食品に続く「機能性表示食品」制度がスタートした。トクホが消費者庁による審査で許可を与えられる食品であるのに対して，機能性表示食品はメーカーが科学的根拠を確認し，消費者庁に届け出ることで，機能性が表示できるという違いがある。同制度施行後，機能性をうたった多くの商品が登場し，2020年6月時点での届出・受理件数は3018件となっている。日本初の機能性表示食品のカップ麺となったのは，2017年3月に発売されたエースコックの「かるしお」シリーズで，減塩率40％，高めの血圧に作用するGABAを配合している。機能性表示はないものの，糖質・脂質オフで爆発的ヒットとなったのは，日清食品の「カップヌードルナイス」で，2017年4月の発売からわずか40日で1000万個を突破し，日清史上最速記録となった。そのほか，「内臓脂肪を減らす」をアピールした雪印メグミルクの「恵megumi ガセリ菌SP株ヨーグルト」や「情報の記憶をサポート」とパッケージに記載したマルハニチロの「DHA入りリサーラソーセージ」も，売上を大きく伸ばしている。

　人口減の影響で売上の大きな増加が難しい国内では，商品の価値を上げることで利益を出す方針が重要となる。多少価格が高くとも，特定の健康機能を訴求した商品などはまさにそれに当たる。時代のニーズに剃った商品開発が継続して求められている。

●政府も後押しする，海外展開

　景気動向に左右されにくいといわれる食品業界だが，少子高齢化の影響で，国内市場の縮小は避けられない。しかし，世界の食品市場は拡大傾向

にある。新興国における人口増加や消費市場の広がりにより，2009年には340兆円だった市場規模が，2030年には1,360兆円に増加すると推察されていた（農林水産省調べ）。それに向けて政府は，世界の食品市場で日本の存在感を高めるための輸出戦略を策定した。これは，日本食材の活用推進（Made From Japan），食文化・食産業の海外展開（Made By Japan），農林水産物・食品の輸出（Made In Japan）の3つの活動を一体的に推進するもので，それぞれの頭文字をとって「FBI戦略」と名づけられた。この戦略のもと，2014年に6117億円であった日本の農林水産物・食品の輸出額を，2020年に1兆円に増やしていくことが目標となっていた。

　政府の施策を背景に，食品メーカーもまた，海外での事業拡大を進めている。キッコーマンはすでに営業利益の7割超を海外で稼ぎ出している。日清オイリオグループとカゴメも，海外比率が約20％である。カゴメは2016年，トマトの栽培技術や品種改良に関する研究開発拠点をポルトガルに設け，世界各地の天候や地質に合った量産技術を確立を目指している。1993年から中国に進出しているキユーピーも，2017年に上海近郊の新工場が稼働させた。日清製粉グループは，米国での小麦粉の生産能力を拡大するため，2019年にミネソタ州の工場を増設した。

　海外における国内メーカーの動きに追い風となっているのが，海外での健康志向の広がりである。これまでジャンクフード大国だった米国でも，ミレニアル世代と呼ばれる若年層を中心にオーガニック食品やNon-GMO（遺伝子組み換えを行っていない食品），低糖・低カロリー食品がブームになっている。2013年にユネスコの無形文化遺産に登録された和食には「健康食」のイメージがあり，健康志向食品においては強みとなる。味の素は，2017年，米国の医療食品会社キャンブルックを買収し，メディカルフード市場へ参入した。付加価値の高い加工食品，健康ケア食品，サプリメントなどを同社のプラットフォームに乗せて展開することを意図したものと思われる。

　2020年は新型コロナ禍により内食需要が高まり，家庭で簡単に調理できる乾麺や，時短・簡便食品，スナック類の売上が大きく伸びた。その一方でレストランなど業務用に商品を展開してきた企業にとっては需要の戻りがいまだ見込めていない。企業の強みによって明暗が分かれた形だが，今後健康志向などの新しいニーズに，いかに素早くこたえられるかがカギとなってくると思われる。

❖ パン・菓子の動向

　2022年のパンの生産量は，前年比微減の124万7620となっている。製パン各社も原材料高で主力製品を2年連続で値上げをしている。

　食生活の変化に伴って，パンの需要は年々拡大しており2011年にはパンの支出がコメを上回ったが，2018年は夏場の気温上昇で伸び悩んだ。製パン業界では，供給量を増やす企業が増えている。山崎製パンは約210億円を投じて，国内で28年ぶりに工場を新設し，2018年2月から操業を開始している。2016年には，ナビスコとのライセンス契約終了で1970年から続いた「リッツ」や「オレオ」の製造販売が終了したが，好調な製パン部門に注力して利益を確保している。

　菓子の分野では，原材料や素材にこだわり，プレミアム感を打ち出した高価格商品に人気が集まっている。明治が2016年9月にリニューアル発売した「明治 ザ・チョコレート」は，産地ごとのプレミアムなカカオ豆を使い，豆の生産から製造まで一貫した工程でつくられた板チョコだが，通常の2倍の価格ながら，約1年間で3000万枚というヒットにつながっている。湖池屋は，国産じゃがいもを100％使用した高級ポテトチップス「KOIKEYA PRIDE POTATO」を発売した。これは2017年2月の発売直後から大ヒットとなり，2カ月で売上が10億円を突破，半年で初年度目標の20億円を超えている。

●パンにも波及する安全性への取り組み

　2018年6月，米国食品医薬品局（FDA）が，トランス脂肪酸を多く含むマーガリン，ショートニングといった部分水素添加油脂（硬化油）について，食品への使用を原則禁止にする発表を行った。トランス脂肪酸規制の動きは世界的に急速に強まっており，日本では規制はされていないものの，自主的にトランス脂肪酸の低減化に乗り出す食品メーカー，含有量を表示するメーカーも出ている。製パン業界最大手の山崎製パンも全製品でトランス脂肪酸を低減したと自社ホームページで告知を行っている。

　トランス脂肪酸の低減にあたっては，別の健康リスクを高めないように安全性にも注意する必要がある。トランス脂肪酸が多く含まれる硬化油脂を，別の硬い性質を持つ油脂（たとえばパーム油など）に代替すれば，トランス脂肪酸は低減できるが，日本人が摂りすぎ傾向にある飽和脂肪酸の含有量

を大幅に増加させてしまう可能性もある。米国農務省（USDA）は，食品事業者にとってパーム油はトランス脂肪酸の健康的な代替油脂にはならないとする研究報告を公表している。

●8000億円に迫る乳酸菌市場

　加工食品と同様，菓子の分野でも，健康を意識した商品が増えている。とくに，明治の「R-1」をはじめとする機能性ヨーグルトは，各社が開発競争を激化させており，乳酸菌応用商品の市場規模は，2021年には7784億円となった（TPCマーケティングリサーチ調べ）。そういったなか，森永乳業が発見した独自素材「シールド乳酸菌」が注目を集めている。「シールド乳酸菌」は，免疫力を高めるヒト由来の乳酸菌で，森永乳業が保有する数千株の中から2007年に発見された。これを9年かけて商品化した森永製菓の「シールド乳酸菌タブレット」は「食べるマスク」というキャッチフレーズのインパクトもあり，2016年9月の発売から1カ月で半年分の売り上げ目標を達成した。森永乳業の登録商標であるが，他社からの引き合いも多く，永谷園のみそ汁や吉野家のとん汁など，シールド乳酸菌を導入した企業は100社を超える。その結果，森永乳業のBtoB事業の営業利益率は大きく向上した。

　キリンも2017年9月，独自開発した「プラズマ乳酸菌」を使った商品の展開を発表した。清涼飲料水やサプリメントのほか，他社との連携も始め，10年後に乳酸菌関連事業で230億円の売上高を目指す。

❖ 飲料の動向

　清涼飲料は，アルコール分が1％未満の飲料で，ミネラルウォーターや炭酸飲料，コーヒー，茶系飲料などが含まれる。全国清涼飲料工業会によれば，2022年の清涼飲料の生産量は2272万klと微増。新型コロナウイルスの影響による売上高が急減からの復調し，ネット通販も好調だ。感染リスクを懸念して重量のある飲料をまとめ買いする需要が拡大した。

　コロナ禍が追い風となったのは，乳酸菌飲料や無糖飲料といった，健康志向にマッチした商品だ。ヤクルトとポッカサッポロは2021年に植物性食品開発に向けた業務提携協議開始を発表した。また，キリンビバレッジは「iMUSE」などヘルスケア志向商品の強化を進めている。

●女性ニーズで注目のスープ系飲料

飲料分野で注目を集めているのがスープ系飲料である。ワーキング・ウーマンをメインターゲットに，甘くなく，小腹を満たしたいニーズや，パンとあわせてランチにするニーズが増えており，自動販売機やコンビニエンスストアなどで，各社から新製品の発売が続いている。全国清涼飲料連合会の調べでは，2017年のドリンクスープの生産量は，2013年比43％増の3万2800klで4年連続で増加している。

スープ飲料のトップシェアは，ポッカサッポロフード＆ビバレッジで，定番の「じっくりコトコト　とろ〜りコーン」や「同オニオンコンソメ」に加え，2018年秋には「濃厚デミグラススープ」をラインナップに追加した。サントリー食品インターナショナルは，9月よりスープシリーズの「ビストロボス」の発売を全国の自動販売機で開始。キリンビバレッジも6月から「世界のkitchenから　とろけるカオスープ」を販売している。また，伊藤園は既存のみそ汁や野菜スープに追加して「とん汁」を発売，永谷園はJR東日本ウォータービジネスと共同開発したコラーゲン1000mg配合の「ふかひれスープ」をJR東日本の自動販売機で販売している。スムージーが好調なカゴメも販売地域は1都6県に限定しているが「野菜生活100　スムージー」シリーズとして10月より「とうもろこしのソイポタージュ」と「かぼちゃとにんじんのソイポタージュ」の販売を開始した。

❖ 酒類の動向

国内大手4社によるビール類の2022年出荷量は，3億4000万ケース（1ケースは大瓶20本換算）で前年増。2023年10月の酒税改正で減税となるビールに追い風が吹いている。酒税法改正で，「アサヒスーパードライ」「キリン一番搾り」「サントリー生ビール」「サッポロ生ビール黒ラベル」などの主力缶製品が値下げ。となる見込みだ。

2023年はコロナも開け，飲食店向けの業務用ビールは復調傾向にあるが，原材料の高騰もあり今回の改訂の恩恵は少ない。2022年に続き2023年も値上げされることになった。

●大手各社，積極的な海外進出もコロナが影を落とす

酒類業界でもまた，海外市場を目指す動きが顕著になっている。国税庁

の発表では、2020年の国産酒類の輸出金額は前年比7.5％増の約710億円で、9年連続で過去最高。国内市場に縮小傾向が見える状況もあり、国内各社も、国産の輸出だけでなく、海外での製造・販売も含め、活動を活発化させている。

　2016年10月、「バドワイザー」や「コロナ」で知られるビール世界最大手アンハイザー・ブッシュ・インベブ（ベルギー）が、同2位の英SABミラーを約10兆円で買収し、世界シェアの3割を占める巨大企業が誕生した。同社は独占禁止法に抵触するのを避けるため、一部の事業を売却し、2016年から17年にかけて、アサヒがイタリアやオランダ、チェコなど中東欧のビール事業を総額約1兆2000億円で買収した。サントリーは2014年、米国蒸留酒大手ビーム社を1兆6500億円で買収し、相乗効果の創出を急いでいる。キリンは海外展開に苦戦しており、約3000億円を投じたブラジル事業を2017年に770億円でハイネケンに売却した。ただ、同年2月にはミャンマーのビール大手を買収し、すでに取得していた現地企業と合わせて、ミャンマーでの市場シェア9割を手中に収めている。また、ベトナムのビール事業で苦戦しているサッポロも、2017年に米国のクラフトビールメーカーであるアンカー・ブリューイング・カンパニーを買収した。同社のSAPPORO PREMIUM BEERは米国ではアジアビールブランドの売上トップであり、さらにクラフトビールを加えることで売上増を目指している。

　2020年は新型コロナウイルスの流行による影響で、飲食店で消費されるビールが減り、家庭で多く飲まれる第三のビールの販売量が増えた。在宅勤務や外出自粛などで運動不足になりがちな消費者が健康志向で発泡酒を求める動きもでてきている。

食品・飲料業界

直近の業界各社の関連ニュースを
ななめ読みしておこう。

食品値上げ一服、日用品は一段と　メーカー100社調査

消費財メーカー各社の値上げに一服感が漂っている。食品・日用品メーカーを対象に日経MJが10〜11月に実施した主力商品・ブランドの価格動向調査で、今後1年に値上げの意向を示した企業は51%と前回調査を11ポイント下回った。価格転嫁は進むものの販売量が減少。販路別の販売量では5割の企業がスーパー向けが減ったと回答した。

調査では今後1年間の値付けの意向について聞いた。値上げを「予定」「調整」「検討」すると回答した企業が全体の51%だった。3〜4月に実施した第1回調査からは24ポイント以上低下している。今回「値上げを予定」と回答した企業は22%と、前回調査を14ポイント下回った。

一方、価格を「変える予定はない」とした企業は6ポイント増の22%となった。値下げを「予定」「調整」「検討」と回答する企業は前回調査で1%だったが、今回は5%となった。直近3カ月で値上げした企業の割合は42%と、前回を9ポイント下回る。一方で「変えていない」とした企業は10ポイント増え59%となった。

値上げの一服感が顕著なのがここ2年ほど値上げを進めてきた食品各社。今後1年間の間に値上げを「予定」「調整」「検討」すると回答した企業の割合は計48%と、前回調査を10ポイント以上下回った。

こうした動きの背景の一つは消費者の値上げへの抵抗感が強まっていることだ。2021年以降に値上げした主力商品・ブランドについて「販売量は減った」と回答した企業は前回調査とほぼ同等の56%。値上げ前と比べ数量ベースで苦戦が続いている企業が多い状況がうかがえる。

「数量減があり、期待したほどの売り上げ増にはなっていない」と吐露するのはキッコーマンの中野祥三郎社長。同社は主力のしょうゆ関連調味料などを4月と8月に断続的に値上げした。収益改善効果を期待したが、国内の同調味料の

4～9月の売上高は前年同期比1.2%減となった。

今後については少しずつ値上げが浸透し数量ベースでも回復するとみるものの「食品業界全体で値上げが起こっているので、どうしても節約志向の面も出ている」と打ち明ける。

23年初めに家庭用・業務用の冷凍食品を最大25%値上げした味の素。同社によると、冷凍ギョーザ類では値上げ以降にそのシェアは13ポイント減の31%となり、1位の座を「大阪王将」を展開するイートアンドホールディングス（HD）に譲り渡すことになった。

実際、調査で聞いた「消費者の支出意欲」のDI（「高くなっている」から「低くなっている」を引いた指数）は前回から8ポイント悪化しマイナス16となった。3カ月後の業況見通しも7ポイント低下のマイナス11となり、前回調査と比べても消費者の財布のひもが固くなっている状況もうかがえる。

そんな節約意識の高まりで再び脚光を浴びているのが小売各社のPBだ。都内在住の40代の主婦は「同じようなものであればいいと、値ごろなPB（プライベートブランド）品を買う機会も増えてきた」と話す。

調査では、出荷先の業態ごとに1年前と比べた販売量の状況を聞いた。ドラッグストアとコンビニエンスストア向けは「変わらない」が最も多かったのに対し、食品スーパーや総合スーパー（GMS）は「減った」が最多となった。

実際、スーパー各社では売り上げに占めるPBの比率が増えている。ヤオコーはライフコーポレーションと共同開発した「スターセレクト」などが好調。23年4～9月期のPB売上高は前年同期比10%増となった。小売大手では、イオンが生鮮品を除く食品PBの半分の刷新を計画するなど需要獲得へ動きは広がる。

自社のブランドに加えてPBも生産する企業の思いは複雑だ。ニチレイの大櫛顕也社長は「開発コストなどを考えるとPBの方が有利な面もある」とする。一方で「収益性のよいものもあるが、相手先が終売を決めたとたんに収益がゼロになるリスクがある。ブランドを育てて展開する自社製品と異なる点だ」と語る。

一方で、値上げ局面が引き続き続くとみられるのが、日用品業界だ。食品より遅く22年前半頃から値上げを始めたこともあり、今回の調査では5割の企業が今後1年で値上げの意向を示した。食品メーカーを上回り、前回調査を17ポイント上回った。値上げを「予定」する企業に限ると前回調査はゼロだったが、今回は2割に増えた。

新型コロナウイルスによる社会的制約が一服したことから、外出機会が増加。それに伴い日用品業界は大手各社が主力とする洗剤や日焼け止め関連商品など

の需要が高まっており、他業界と比べ価格を引き上げやすい局面が続く。

値上げに積極的なのは最大手の花王。原材料高により22〜23年にかけて510億円と見込むマイナス影響のうち480億円を値上げでカバーする計画だ。UVケアなどを手掛ける事業は値上げしたものの数量ベースでも伸ばした。

エステーは「消臭力」の上位ランクに位置づけるシリーズで寝室向けの商品を発売。従来品の8割近く高い価格を想定している。

消費の減退が浮き彫りになる一方で原材料価格の見通しは不透明感を増している。食品・日用品各社のうち、仕入れ価格上昇が「24年7月以降も続く」と回答した企業は32%と、前回調査での「24年4月以降」を13ポイント下回った。一方で大きく増えたのが「わからない」の59%で、前回から18ポイント増加した。

J—オイルミルズの佐藤達也社長は「正直この先の原料価格の見通しを正確に読むことは私たちのみならずなかなかできないのではないか」と打ち明ける。不透明感が増す原材料価格も、企業の値上げへの考え方に影響を及ぼしている。

ただ、ここ2年で進んできた値上げは着実に浸透している。主力商品・ブランドのコスト上昇分を「多少なりとも価格転嫁できている」と回答した企業は9割を超え引き続き高水準だった。実勢価格について「想定通り上昇し、その価格が維持している」と回答した企業は56%で前回調査を8ポイント上回った。

茨城県在住の40代の主婦は「全体的に物価は上がってきている。高い金額に慣れてきてしまうのかなとも思う」と話す。メーカーと消費者心理の難しい駆け引きは続く。

（2023年12月2日　日本経済新聞）

マルコメなど、日本大豆ミート協会設立　市場拡大目指す

味噌製造大手のマルコメなど5社は24日、東京都内で「日本大豆ミート協会」の設立記者会見を開いた。大豆を原料に味や食感を肉に近づけた食品の普及を担う。2022年に制定された大豆ミートの日本農林規格（JAS）の見直しなど、業界のルール作りも進める。

同協会は9月1日設立で、マルコメのほか大豆ミート食品を販売するスターゼン、伊藤ハム米久ホールディングス、日本ハム、大塚食品が加盟する。会長はマルコメの青木時男社長、副会長はスターゼンの横田有彦社長が務める。

5社は大豆ミートのJAS規格制定で中心的な役割を担った。JAS規格は5年ごとに見直ししており、27年に向けて内容を精査する。事務局は「今後は多

くの企業の加盟を募りたい」としている。

健康志向の高まりや、人口増加にともなう世界的なたんぱく質不足への懸念から、植物由来の「プラントベースフード」への関心は世界的に高まっている。畜肉に比べて生産過程での環境負荷が低い大豆ミートは新たなたんぱく源として注目される。

日本能率協会の調査によると、19年度に15億円だった大豆ミートの国内市場規模は25年度には40億円になる見通しだ。それでも海外に比べればプラントベースフードの認知度は低い。青木時男会長は「加盟企業が一体となって商品の普及や市場拡大を図り、業界全体の発展を目指す」と話した。

（2023年10月24日　日本経済新聞）

農林水産品の輸出額最高　23年上半期7144億円

農林水産省は4日、2023年上半期（1~6月）の農林水産物・食品の輸出額が前年同期比9.6％増の7144億円となり、過去最高を更新したと発表した。上半期として7000億円を超えるのは初めてだ。

新型コロナウイルスの感染拡大に伴う行動制限の解除に加え、足元の円安で中国や台湾などアジアを中心に輸出額が伸びた。

内訳では農産物が4326億円、水産物が2057億円、林産物が307億円だった。1品目20万円以下の少額貨物は454億円だった。

品目別では清涼飲料水が前年同期比24％増の272億円となった。東南アジアを中心に単価の高い日本産の美容ドリンクなどの需要が高まったとみられる。

真珠は129％増の223億円だった。香港で4年ぶりに宝石の国際見本市が開催され、日本産真珠の需要が伸びた。漁獲量の減少を受け、サバはエジプトなどアフリカやマレーシア、タイといった東南アジア向けの輸出が減り、49％減の57億円にとどまった。

林産物のうち製材は44％減の30億円だった。米国の住宅ローン金利の高止まりを受けて住宅市場が低迷し、需要が減った。

輸出先の国・地域別でみると中国が1394億円で最も多く、香港の1154億円が続いた。台湾や韓国などアジア地域は前年同期比で相次いで10％以上増加した。物価高が続く米国では日本酒といった高付加価値品が苦戦し、7.9％減の964億円となった。

政府は農産品の輸出額を25年までに2兆円、30年までに5兆円まで拡大する

目標を掲げる。農水省によると、25年の目標達成には毎年12%程度の増加率を満たす必要がある。

22年には改正輸出促進法が施行し、輸出に取り組む「品目団体」を業界ごとに国が認定する制度が始まった。販路開拓や市場調査、海外市場に応じた規格策定などを支援している。

下半期には輸出減速のおそれもある。中国や香港が東京電力福島第1原子力発電所の処理水の海洋放出の方針に反発し、日本からの輸入規制の強化を打ち出しているためだ。日本産の水産物が税関で留め置かれる事例も発生している。

（2023年8月4日　日本経済新聞）

猛暑で消費押し上げ　飲料やアイスなど販売1～3割増

全国的な猛暑が個人消費を押し上げている。スーパーでは清涼飲料水やアイスなどの販売が前年比で1～3割ほど伸びている。都内ホテルのプールの利用も堅調だ。値上げの浸透やインバウンド（訪日外国人客）の回復で景況感が改善している消費関連企業にとって、猛暑はさらなる追い風となっている。

気象庁は1日、7月の平均気温が平年を示す基準値（1991～2020年の平均）を1.91度上回り、統計を開始した1898年以降で最も高くなったと発表した。8、9月も気温は全国的に平年よりも高く推移する見通しだ。

首都圏で食品スーパーを運営するいなげやでは、7月1～26日の炭酸飲料の販売が前年同時期と比較して33%増えた。消費者が自宅での揚げ物調理を控えたため、総菜のコロッケの販売も同31%増と大きく伸びた。

食品スーパーのサミットでは7月のアイスクリームの売上高が前年同月から11%伸びた。コンビニエンスストアのローソンでは7月24～30日の「冷しうどん」の販売が前年同期比6割増となった。

日用品や家電でも夏物商品の販売が好調だ。伊勢丹新宿本店（東京・新宿）では7月、サングラス（前年同月比69.9%増）や日焼け止めなど紫外線対策ができる化粧品（同63.7%増）の販売が大きく伸長した。ヤマダデンキではエアコンと冷蔵庫の7月の販売が、新型コロナウイルス禍での巣ごもり需要と政府からの特別給付金の支給で家電の買い替えが進んだ20年の7月を上回るペースで伸びているという。

メーカーは増産に動く。キリンビールは主力のビール「一番搾り」の生産を8月に前年同月比1割増やす予定だ。サントリーも8月、ビールの生産を前年同

月比5割増やす。花王は猛暑を受けて涼感を得られる使い捨てタオル「ビオレ
　冷タオル」の生産量を増やしている。

レジャー産業も猛暑の恩恵を受けている。品川プリンスホテル（東京・港）では、
7月のプールの売上高は19年同月比で2.7倍となった。

個人消費の拡大につながるとされる猛暑だが、暑すぎることで販売が鈍る商品
も出てきた。いなげやではチョコパンやジャムパンの販売が7月に前年から半
減した。「猛暑だと甘いお菓子やパンの販売が落ちる」（同社）

菓子大手のロッテもチョコレートの販売が「7月は想定を下回った」という。
一方、明治は夏向け商品として、定番のチョコレート菓子「きのこの山」のチョ
コレート部分がない「チョコぬいじゃった！きのこの山」を7月25日に発売し
た。計画を上回る売れ行きだという。

フマキラーによると、蚊の対策商品の7月24～30日の販売が業界全体で前
年同時期を3%下回った。「25～30度が蚊の活動には適しているとされており、
高温で蚊の活動が鈍っているとみられる」（同社）

第一生命経済研究所の永浜利広首席エコノミストの試算によると、7～9月の
平均気温が1度上昇すると約2900億円の個人消費の押し上げ効果が期待でき
るという。

消費関連企業の景況感を示す「日経消費DI」の7月の業況判断指数（DI）は、
前回調査（4月）を11ポイント上回るプラス9となり1995年の調査開始以来
の最高となった。今夏の猛暑が一段と消費を押し上げる可能性もある。

（2023年8月2日　日本経済新聞）

食品値上げ、大手から中堅企業に波及　店頭価格8.7%上昇

食品や日用品の店頭価格の上昇が続いている。POS（販売時点情報管理）デー
タに基づく日次物価の前年比伸び率は6月28日時点で8.7%となった。昨年
秋以降、業界大手を中心に価格改定に踏み切り、中堅企業などが追いかける「追
随型値上げ」が多くの商品で広がっている。

デフレが長く続く日本では値上げで売り上げが落ち込むリスクが強く意識さ
れ、価格転嫁を避ける傾向があった。ウクライナ危機をきっかけに原材料高を
商品価格に反映する動きが広がり、潮目が変わりつつある。

日経ナウキャスト日次物価指数から分析した。この指数はスーパーなどの
POSデータをもとにナウキャスト（東京・千代田）が毎日算出している。食品

や日用品の最新のインフレ動向をリアルタイムに把握できる特徴がある。

217品目のうち価格が上昇したのは199品目、低下は16品目だった。ロシアによるウクライナ侵攻が始まった2022年2月に価格が上昇していたのは130品目にとどまっていた。全体の前年比伸び率も当時は0.7%だった。

ヨーグルトの値段は22年夏までほぼ横ばいだったが、11月に6%上昇し、今年4月以降はその幅が10%となった。この2回のタイミングでは業界最大手の明治がまず値上げを発表し、森永乳業や雪印メグミルクなどが続いた。

その結果、江崎グリコなどシェアが高くないメーカーも値上げしやすい環境になり、業界に波及した。

冷凍総菜も昨年6月は4%程度の上昇率だったが、11月に9%まで加速し、23年6月は15%まで上がった。味の素冷凍食品が2月に出荷価格を上げたことが影響する。

ナウキャストの中山公汰氏は「値上げが大手だけでなく中堅メーカーに広がっている」と話す。

ナウキャストによると、値上げをしてもPOSでみた売上高は大きく落ちていないメーカーもみられる。インフレが定着しつつあり、値上げによる客離れがそこまで深刻化していない可能性がある。

品目の広がりも鮮明だ。ウクライナ侵攻が始まった直後は食用油が15%、マヨネーズが11%と、資源価格の影響を受けやすい商品が大きく上昇する傾向にあった。

23年6月は28日までの平均で生鮮卵が42%、ベビー食事用品が26%、水産缶詰が21%の上昇になるなど幅広い商品で2ケタの値上げがみられる。

日本は米欧に比べて価格転嫁が遅れ気味だと指摘されてきた。食品価格の上昇率を日米欧で比べると米国は昨年夏に10%強まで加速したが、足元は6%台に鈍化した。ユーロ圏は今年3月に17%台半ばまで高まり、5月は13%台に鈍った。

日本は昨夏が4%台半ば、昨年末は7%、今年5月に8%台半ばと、上げ幅が徐々に高まってきた。直近では瞬間的に米国を上回る伸び率になった。

帝国データバンクが主要食品企業を対象に調査したところ7月は3566品目で値上げが予定されている。昨年10月が7864件と多かったが、その後も幅広く価格改定の表明が続く。

昨年、一時的に10%を超えた企業物価指数は足元で5%台まで伸びが鈍化しており、資源高による川上価格の上昇は一服しつつある。

それでも昨年からの仕入れ価格上昇や足元の人件費増を十分に価格転嫁ができ

ているとは限らず、値上げに踏み切るメーカーは今後も出てくると予想される。日本のインフレも長引く様相が強まっている。

（2023年7月3日　日本経済新聞）

東京都、フードバンク寄付に助成　食品ロス対策を加速

東京都は食品ロスの削減に向けた対策を拡充する。フードバンク団体へ食品を寄付する際の輸送費の助成のほか、消費者向けの普及啓発のコンテンツも作成。商習慣などにより発生する食品ロスを減らし、廃棄ゼロに向けた取り組みを加速する。

2023年度から中小小売店が未利用食品をフードバンク活動団体に寄付する際の輸送費の助成を始める。今年度予算に関連費用1億円を計上した。フードバンクは食品の品質には問題がないが、賞味期限が近いなどの理由で通常の販売が困難な食品を福祉施設や生活困窮者へ無償提供する団体。都は企業などからフードバンクや子ども食堂に寄付する配送費の助成により、寄贈ルートの開拓につなげたい考えだ。

小売業界は鮮度を重視する消費者の需要に対応するため、メーカーが定める賞味期限の3分の1を過ぎるまでに納品する「3分の1ルール」が慣習となっている。メーカーや卸による納品期限を過ぎると賞味期限まで数カ月残っていても商品はメーカーなどに返品され、大半が廃棄されるため食品ロスの一因となっていた。

また、都は店舗における食品の手前取りの啓発事業なども始める。陳列棚の手前にある販売期限が近い商品を優先して購入してもらう。業種ごとに食品の廃棄実態の調査をし、消費者の行動変容を促すための普及啓発のコンテンツも作成する。関連経費として4千万円を予算に計上した。

東京都の食品ロス量は19年度で約44.5万トンと推計されており、00年度の約76万トンから年々減少傾向にある。都は00年度比で30年に食品ロス半減、50年に実質ゼロの目標を掲げており、2月に有識者らからなる会議で賞味期限前食品の廃棄ゼロ行動宣言を採択した。

独自のフードロス対策を進める自治体もある。台東区は4月、都内の自治体として初めて無人販売機「fuubo（フーボ）」を区役所に設置した。パッケージ変更などで市場に流通できなくなった商品を3〜9割引きで購入できる。賞味期限が近づくほど割引率が上がるシステムだ。区民に食品ロス削減の取り組みを

知ってもらい、実際の行動に移してもらう考えだ。

（2023年5月12日　日本経済新聞）

ビール系飲料販売22年2%増　業務用回復、アサヒ首位に

アサヒビールなどビール大手4社の2022年のビール系飲料国内販売数量は前年比2%増の約3億4000万ケースとなり、18年ぶりに前年を上回った。外食需要が回復し、飲食店向けが伸びた。業務用に強いアサヒが3年ぶりにシェア首位となった。新型コロナウイルス禍前の19年比では市場全体で1割減少しており、各社とも23年10月に減税となるビールに力を入れる。

各社が13日までに発表した22年の販売実績などを基に推計した。飲食店向けなど業務用の22年の販売数量は前年比4割増えた。21年に緊急事態宣言下などでの酒類販売の制限で落ち込んだ反動に加えて、外食需要の回復が寄与した。一方、家庭向けは3%減った。コロナ禍から回復し外食需要が戻ったことで「家飲み」の機会が減少した。ジャンル別ではビールが14%増、発泡酒が4%減、第三のビールは7%減だった。

10月には各社が家庭用では14年ぶりとなる値上げを実施した。第三のビールを中心に駆け込み需要が発生した。第三のビールはその反動もあり、減少傾向には歯止めがかからなかった。

家飲みから外食へ消費が移り、家庭用に強いキリンビールがシェアを落とす一方、業務用で高いシェアを持つアサヒは販売を増やした。ビール系飲料全体のシェアはアサヒが36.5%となり、35.7%のキリンを逆転した。

18年ぶりにプラスとなったものの、長期的にみると、市場の縮小傾向は変わらない。キリンビールの堀口英樹社長は22年のビール市場を「コロナで落ち込んだ業務用の回復が大きい」と分析する。その業務用も19年比では4割近く減っている。

23年はビール系飲料全体の販売数量が最大で3〜4%減少する見通し。10月の酒税改正で増税となる第三のビールの落ち込みや、物価の高騰による消費の低迷を見込む。

（2023年1月13日　日本経済新聞）

現職者・退職者が語る 食品・飲料業界の口コミ

※編集部に寄せられた情報を基に作成

▶ 労働環境

職種：法人営業　　年齢・性別：30代前半・男性

・明るく前向きで，仕事に対して非常にまじめな方が多いです。
・助け合いの精神が，社風から自然に培われているように感じます。
・上司の事も『さん』付けで呼ぶなど，上層部との距離が近いです。
・ピンチになった時など，先輩方がきちんとフォローしてくれます。

職種：製品開発（食品・化粧品）　　年齢・性別：20代後半・男性

・やる人のモチベーションによって正当な評価をしてくれます。
・新人にこんな重要な仕事を任せるのかと不安になることもあります。
・大きな仕事を乗り越えた後には，自分が成長したことを実感します。
・自分を売り込んでガンガン活躍したい人には良い環境だと思います。

職種：法人営業　　年齢・性別：20代後半・男性

・昇給制度や評価制度は，残念ながら充実しているとは言えません。
・頑張りによって給料が上がるわけではなく，年功序列型のため，特に20代の若いうちは，みんな横並びで物足りないかもしれません。
・今は課長職が飽和状態なので，昇進には時間がかかります。

職種：代理店営業　　年齢・性別：20代前半・男性

・この規模の企業としては，給与は非常に良いと思います。
・年功序列が根強く残っており，確実に基本給与は上がっていきます。
・賞与については上司の評価により変動するので，何とも言えません。
・最近は中途採用も増えてきましたが，差別なく評価してもらえます。

▶ 福利厚生

職種：法人営業　　年齢・性別：20代後半・男性

・福利厚生はかなり充実していて，さすが大企業という感じです。
・宿泊ホテルの割引きや，スポーツジムも使えるのでとても便利。
・残業については，あったりなかったり，支社によってバラバラです。
・売り上げなどあまり厳しく言われないので気持ちよく働けます。

職種：生産技術・生産管理（食品・化粧品）　　年齢・性別：20代後半・男性

・留学制度などがあるので，自分のやる気次第で知識を得られます。
・食品衛生など安全面の知識を学習する機会もきちんとあります。
・研修制度は整っているのでそれをいかに活用できるかだと思います。
・意欲を持って取り組めばどんどん成長できる環境にあると思います。

職種：ルートセールス・代理店営業　　年齢・性別：20代後半・男性

・休暇は比較的取りやすく，有給休暇の消化も奨励されています。
・住宅補助は手厚く，40代になるまで社宅住まいの人も多くいます。
・社内応募制度もありますが，どこまで機能しているのかは不明です。
・出産育児支援も手厚く，復帰してくる女性社員も見かけます。

職種：技術関連職　　年齢・性別：20代前半・男性

・福利厚生については，上場企業の中でも良い方だと思います。
・独身寮もあり，社食もあるため生活費はだいぶ安くすみます。
・結婚や30歳を過ぎると寮を出ることになりますが家賃補助が出ます。
・残業は1分でも過ぎたらつけてもよく，きちんと支払われます。

▶仕事のやりがい

職種：法人営業　　年齢・性別：30代前半・男性

・自社ブランドの製品に愛着があり，それがやりがいになっています。
　食品という競合他社の多い商品を扱う難しさはありますが。
・消費者にどう商品を届けるかを考えるのは大変ですが楽しいです。
・得意先と共通の目的をもって戦略を練るのも非常に面白く感じます。

職種：法人営業　　年齢・性別：30代前半・男性

・自社製品が好きで自分の興味と仕事が一致しているので面白いです。
・スーパーなど流通小売の本部への営業はとてもやりがいがあります
　が，販売のボリュームも大きく，数字に対しての責任も感じています。
・競合に負けないようモチベーションを保ち，日々活動しています。

職種：技能工（整備・メカニック）　　年齢・性別：20代後半・男性

・若い時から大きな仕事を1人で任されることがあり非常に刺激的です。
・大きな仕事をやりきると，その後の会社人生にプラスになります。
・やはり本社勤務が出世の近道のようです。
・シェアをどう伸ばすかを考えるのも大変ですがやりがいがあります。

職種：個人営業　　年齢・性別：20代後半・女性

・仕事の面白みは，手がけた商品を世の中に提供できるという点です。
・商品を手に取るお客さんの姿を見るのは非常に嬉しく思います。
・商品企画に携わることができ，日々やりがいを感じています。
・シェアが業界的に飽和状態なのでより良い商品を目指し奮闘中です。

▶ブラック？ホワイト？

職種：研究開発　　年齢・性別：40代後半・男性

- ・最近は課長に昇進する女性が増え，部長になる方も出てきました。
- ・女性の場合は独身か，子供がいない既婚者は出世をしています。
- ・育児休暇を取る人はやはり出世は遅れてしまうようです。
- ・本当に男女平等になっているかどうかは何ともいえません。

職種：営業関連職　　年齢・性別：20代後半・男性

- ・ワークライフバランスについてはあまり良くありません。
- ・一応週休2日制としていますが，実際には週に1日休めれば良い方。
- ・基本的に残業体質のため，日付が変わる時間まで残業する部署も。
- ・長期の休みは新婚旅行と永年勤続表彰での旅行以外では取れません。

職種：法人営業　　年齢・性別：20代前半・女性

- ・総合職で大卒の女性社員が非常に少ないです。
- ・拘束時間の長さ，産休などの制度が不確立なためかと思います。
- ・業界全体に，未だに男性優位な風潮が見られるのも問題かと。
- ・社風に関しても時代の変化に対応しようとする動きは見られません。

職種：営業関連職　　年齢・性別：20代後半・男性

- ・寮費は安く水道光熱費も免除ですが，2〜4人部屋です。
- ・寮にいる限り完全にプライベートな時間というのは難しいです。
- ・食事に関しては工場内に食堂があるので，とても安く食べられます。
- ・社員旅行はほぼ強制参加で，旅費は給与天引きの場合もあります。

▶ 女性の働きやすさ

> 職種：ソフトウェア関連職　　年齢・性別：40代前半・男性
> ・女性の管理職も多く，役員まで上り詰めた方もいます。
> ・特に女性だから働きにくい，という社風もないと思います。
> ・男性と同じように評価もされ，多様な働き方を選ぶことができて，多くの女性にとっては働きやすく魅力的な職場といえると思います。

> 職種：法人営業　　年齢・性別：20代後半・男性
> ・社員に非常に優しい会社なので，とても働きやすいです。
> ・女性には優しく，育休後に復帰しにくいということもありません。
> ・出産後の時短勤務も可能ですし，男性社員の理解もあります。
> ・会社として女性管理職を増やす取り組みに力を入れているようです。

> 職種：研究開発　　年齢・性別：40代前半・男性
> ・課長くらいまでの昇進なら，男女差はあまりないようです。
> ・部長以上になると女性は極めて少ないですが，ゼロではありません。
> ・女性の場合，時短や育児休暇，介護休暇等の制度利用者は多いです。
> ・育休や介護休暇が昇進にどう影響するかは明確ではありません。

> 職種：研究・前臨床研究　　年齢・性別：30代前半・男性
> ・「男性と変わらず管理職を目指せます！」とはいい難い職場です。
> ・産休などは充実していますが，体育会系の男性の職場という雰囲気。
> ・管理職でなければ，女性で活躍しておられる方は多くいます。
> ・もしかすると5年後には状況は変わっているかもしれません。

▶今後の展望

職種：営業　　年齢・性別：20代後半・男性
- 今後の事業の流れとしては，海外進出と健康関連事業がカギかと。
- 東南アジアでは日本の成功事例を元に売上の拡大が続いています。
- 世界各国でのM＆Aの推進による売上規模の拡大も期待できます。
- 新市場開拓としては，アフリカや中南米に力を入れていくようです。

職種：営業　　年齢・性別：20代後半・女性
- 原材料の高騰など国内事業は厳しさを増しています。
- 海外事業の展開も現状芳しくなく，今後の見通しは良くないです。
- 新商品やマーケティングではスピードが求められています。
- 近年は農業部門に力を入れており，評価の高さが今後の強みかと。

職種：製造　　年齢・性別：20代後半・男性
- 国内でパイを争っており，海外での売上が見えません。
- 他のメーカーに比べ海外展開が弱く，かなり遅れをとっています。
- 国内市場は縮小傾向にあるため，海外展開が弱いのは厳しいかと。
- 今後は海外戦略へ向け，社員教育の充実が必要だと思います。

職種：営業　　年齢・性別：20代後半・女性
- 家庭用商品には強いですが，外食，中食業界での競争力が弱いです
- 今後は，業務用，高齢者や少人数家族向け商品を強化する方針です。
- 健康食品分野や通信販売等へも，積極的に取り組むようです。
- アジア市場の開拓を中心とした，海外事業の展開が進んでいます。

食品・飲料業界　国内企業リスト（一部抜粋）

区別	会社名	本社住所
食料品（東証一部）	日本製粉株式会社	東京都渋谷区千駄ヶ谷 5-27-5
	株式会社 日清製粉グループ本社	東京都千代田区神田錦町一丁目 25 番地
	日東富士製粉株式会社	東京都中央区新川一丁目 3 番 17 号
	昭和産業株式会社	東京都千代田区内神田 2 丁目 2 番 1 号 （鎌倉河岸ビル）
	鳥越製粉株式会社	福岡市博多区比恵町 5-1
	協同飼料株式会社	神奈川県横浜市西区高島 2-5-12 横浜 DK ビル
	中部飼料株式会社	愛知県知多市北浜町 14 番地 6
	日本配合飼料株式会社	横浜市神奈川区守屋町 3 丁目 9 番地 13 TVP ビルディング
	東洋精糖株式会社	東京都中央区日本橋小網町 18 番 20 号 洋糖ビル
	日本甜菜製糖株式会社	東京都港区三田三丁目 12 番 14 号
	三井製糖株式会社	東京都中央区日本橋箱崎町 36 番 2 号 （リバーサイド読売ビル）
	森永製菓株式会社	東京都港区芝 5-33-1
	株式会社中村屋	東京都新宿区新宿三丁目 26 番 13 号
	江崎グリコ株式会社	大阪府大阪市西淀川区歌島 4 丁目 6 番 5 号
	名糖産業株式会社	愛知県名古屋市西区笹塚町二丁目 41 番地
	株式会社不二家	東京都文京区大塚 2-15-6
	山崎製パン株式会社	東京都千代田区岩本町 3-10-1
	第一屋製パン株式会社	東京都小平市小川東町 3 丁目 6 番 1 号
	モロゾフ株式会社	神戸市東灘区向洋町西五丁目 3 番地
	亀田製菓株式会社	新潟県新潟市江南区亀田工業団地 3-1-1
	カルビー株式会社	東京都千代田区丸の内 1-8-3 丸の内トラストタワー本館 22 階

区別	会社名	本社住所
食料品（東証一部）	森永乳業株式会社	東京都港区芝五丁目 33 番 1 号
	六甲バター株式会社	神戸市中央区坂口通一丁目 3 番 13 号
	株式会社ヤクルト本社	東京都港区東新橋 1 丁目 1 番 19 号
	明治ホールディングス株式会社	東京都中央区京橋二丁目 4 番 16 号
	雪印メグミルク株式会社	北海道札幌市東区苗穂町 6 丁目 1 番 1 号
	プリマハム株式会社	東京都品川区東品川 4 丁目 12 番 2 号 品川シーサイドウエストタワー
	日本ハム株式会社	大阪市北区梅田二丁目 4 番 9 号 ブリーゼタワー
	伊藤ハム株式会社	兵庫県西宮市高畑町 4 − 27
	林兼産業株式会社	山口県下関市大和町二丁目 4 番 8 号
	丸大食品株式会社	大阪府高槻市緑町 21 番 3 号
	米久株式会社	静岡県沼津市岡宮寺林 1259 番地
	エスフーズ株式会社	兵庫県西宮市鳴尾浜 1 丁目 22 番 13
	サッポロホールディングス株式会社	東京都渋谷区恵比寿四丁目 20 番 1 号
	アサヒグループホールディングス株式会社	東京都墨田区吾妻橋 1-23-1
	キリンホールディングス株式会社	東京都中野区中野 4-10-2 中野セントラルパークサウス
	宝ホールディングス株式会社	京都市下京区四条通烏丸東入長刀鉾町 20 番地
	オエノンホールディングス株式会社	東京都中央区銀座 6-2-10
	養命酒製造株式会社	東京都渋谷区南平台町 16-25
	コカ・コーラウエスト株式会社	福岡市東区箱崎七丁目 9 番 66 号
	コカ・コーライーストジャパン株式会社	東京都港区芝浦 1 丁目 2 番 3 号 シーバンス S 館

区別	会社名	本社住所
食料品（東証一部）	サントリー食品インターナショナル株式会社	東京都中央区京橋三丁目 1-1 東京スクエアガーデン 9・10 階
	ダイドードリンコ株式会社	大阪市北区中之島二丁目 2 番 7 号
	株式会社伊藤園	東京都渋谷区本町 3 丁目 47 番 10 号
	キーコーヒー株式会社	東京都港区西新橋 2-34-4
	株式会社ユニカフェ	東京都港区新橋六丁目 1 番 11 号
	ジャパンフーズ株式会社	千葉県長生郡長柄町皿木 203 番地 1
	日清オイリオグループ株式会社	東京都中央区新川一丁目 23 番 1 号
	不二製油株式会社	大阪府泉佐野市住吉町 1 番地
	かどや製油株式会社	東京都品川区西五反田 8-2-8
	株式会社 J- オイルミルズ	東京都中央区明石町 8 番 1 号 聖路加タワー 17F ～ 19F
	キッコーマン株式会社	千葉県野田市野田 250
	味の素株式会社	東京都中央区京橋一丁目 15 番 1 号
	キユーピー株式会社	東京都渋谷区渋谷 1-4-13
	ハウス食品グループ本社株式会社	東京都千代田区紀尾井町 6 番 3 号
	カゴメ株式会社	愛知県名古屋市中区錦 3 丁目 14 番 15 号
	焼津水産化学工業株式会社	静岡県焼津市小川新町 5 丁目 8-13
	アリアケジャパン株式会社	東京都渋谷区恵比寿南 3-2-17
	株式会社ニチレイ	東京都中央区築地六丁目 19 番 20 号 ニチレイ東銀座ビル
	東洋水産株式会社	東京都港区港南 2 丁目 13 番 40 号
	日清食品ホールディングス株式会社	東京都新宿区新宿六丁目 28 番 1 号
	株式会社永谷園	東京都港区西新橋 2 丁目 36 番 1 号
	フジッコ株式会社	神戸市中央区港島中町 6 丁目 13 番地 4

区別	会社名	本社住所
食料品（東証一部）	株式会社ロック・フィールド	神戸市東灘区魚崎浜町 15 番地 2
	日本たばこ産業株式会社	東京都港区虎ノ門 2-2-1
	ケンコーマヨネーズ株式会社	兵庫県神戸市灘区都通 3 丁目 3 番 16 号
	わらべや日洋株式会社	東京都小平市小川東町 5-7-10
	株式会社なとり	東京都北区王子 5 丁目 5 番 1 号
	ミヨシ油脂株式会社	東京都葛飾区堀切 4-66-1
水産・農林業	株式会社 極洋	東京都港区赤坂三丁目 3 番 5 号
	日本水産株式会社	東京都千代田区大手町 2-6-2（日本ビル 10 階）
	株式会社マルハニチロホールディングス	東京都江東区豊洲三丁目 2 番 20 号 豊洲フロント
	株式会社 サカタのタネ	横浜市都筑区仲町台 2-7-1
	ホクト株式会社	長野県長野市南堀 138-1
食料品（東証二部）	東福製粉株式会社	福岡県福岡市中央区那の津 4 丁目 9 番 20 号
	株式会社増田製粉所	神戸市長田区梅ケ香町 1 丁目 1 番 10 号
	日和産業株式会社	神戸市東灘区住吉浜町 19-5
	塩水港精糖株式会社	東京都中央区日本橋堀留町 2 丁目 9 番 6 号 ニュー ESR ビル
	フジ日本精糖株式会社	東京都中央区日本橋茅場町 1-4-9
	日新製糖株式会社	東京都中央区日本橋小網町 14-1 住生日本橋小網町ビル
	株式会社ブルボン	新潟県柏崎市松波 4 丁目 2 番 14 号
	井村屋グループ株式会社	三重県津市高茶屋七丁目 1 番 1 号
	カンロ株式会社	東京都中野区新井 2 丁目 10 番 11 号
	寿スピリッツ株式会社	鳥取県米子市旗ケ崎 2028 番地
	福留ハム株式会社	広島市西区草津港二丁目 6 番 75 号

区別	会社名	本社住所
食料品（東証二部）	ジャパン・フード＆リカー・アライアンス株式会社	香川県小豆郡小豆島町苗羽甲 1850 番地
	北海道コカ・コーラボトリング株式会社	札幌市清田区清田一条一丁目 2 番 1 号
	ボーソー油脂株式会社	東京都中央区日本橋本石町四丁目 5-12
	攝津製油株式会社	大阪府堺市西区築港新町一丁 5 番地 10
	ブルドックソース株式会社	東京都中央区日本橋兜町 11-5
	エスビー食品株式会社	東京都中央区日本橋兜町 18 番 6 号
	ユタカフーズ株式会社	愛知県知多郡武豊町字川脇 34 番地の 1
	株式会社 ダイショー	東京都墨田区亀沢 1 丁目 17-3
	株式会社ピエトロ	福岡市中央区天神 3-4-5
	アヲハタ株式会社	広島県竹原市忠海中町一丁目 1 番 25 号
	はごろもフーズ株式会社	静岡県静岡市清水区島崎町 151
	株式会社セイヒョー	新潟市北区島見町 2434 番地 10
	イートアンド株式会社	東京都港区虎ノ門 4 丁目 3 番 1 号 城山トラストタワー 18 階
	日本食品化工株式会社	東京都千代田区丸の内一丁目 6 番 5 号 丸の内北口ビル 20 階
	石井食品株式会社	千葉県船橋市本町 2-7-17
	シノブフーズ株式会社	大阪市西淀川区竹島 2 丁目 3 番 18 号
	株式会社あじかん	広島市西区商工センター七丁目 3 番 9 号
	旭松食品株式会社	長野県飯田市駄科 1008
	サトウ食品工業株式会社	新潟県新潟市東区宝町 13 番 5 号
	イフジ産業株式会社	福岡県糟屋郡粕屋町大字戸原 200-1
	理研ビタミン株式会社	東京都千代田区三崎町 2-9-18 TDC ビル 11・12 階

第**3**章

就職活動のはじめかた

入りたい会社は決まった。しかし「就職活動とはそもそ
も何をしていいのかわからない」「どんな流れで進むか
わからない」という声は意外と多い。ここでは就職活
動の一般的な流れや内容，対策について解説していく。

▶就職活動のスケジュール

3月	**4月**	**6月**

就職活動スタート

> 2025年卒の就活スケジュールは,経団連と政府を中心に議論され,2024年卒の採用選考スケジュールから概ね変更なしとされている。

エントリー受付・提出

OB・OG訪問

> 企業の説明会には積極的に参加しよう。独自の企業研究だけでは見えてこなかった新たな情報を得る機会であるとともに,モチベーションアップにもつながる。また,説明会に参加した者だけに配布する資料などもある。

合同企業説明会　　**個別企業説明会**

筆記試験・面接試験等始まる（3月～）

内々定（大手企業）

2月末までにやっておきたいこと

就職活動が本格化する前に,以下のことに取り組んでおこう。
　　◎自己分析　◎インターンシップ　◎筆記試験対策
　　◎業界研究・企業研究　◎学内就職ガイダンス
自分が本当にやりたいことはなにか。自分の能力を最大限に活かせる会社はどこか。自己分析と企業研究を重ね,それを文章などにして明確にしておき,面接時に最大限に活用できるようにしておこう。

月 | 8月 | 10月

中 小 企 業 採 用 本 格 化

内定者の数が採用予定数に満たない企業，1年を通して採用を継続している企業，夏休み以降に採用活動を実施企業（後期採用）は採用活動を継続して行っている。大企業でも後期採用を行っていることもあるので，企業から内定が出ても，納得がいかなければ継続して就職活動を行うこともある。

中小企業の採用が本格化するのは大手企業より少し遅いこの時期から。HPなどで採用情報をつかむとともに，企業研究も怠らないようにしよう。

内々定とは10月1日以前に通知（電話等）されるもの。内定に関しては現在協定があり，10月1日以降に文書等にて通知される。

内々定（中小企業）

内定式（10月～）

どんな人物が求められる?

多くの企業は，常識やコミュニケーション能力があり，社会のできごとに高い関心を持っている人物を求めている。これは「会社の一員として将来の企業発展に寄与してくれるか」という視点に基づく，もっとも普遍的な選考基準だ。もちろん，「自社の志望を真剣に考えているか」「自社の製品，サービスにどれだけの関心を向けているか」という熱意の部分も重要な要素になる。

就活ロールプレイ！

就職活動のスタート

内定までの道のりは，大きく分けると以下のようになる。

自 己 分 析

企 業 研 究

⬇

エントリーシート・筆記試験・面接

⬇

内 定

01 まず自己分析からスタート

　就職活動とは，「企業に自分をPRすること」。自分自身の興味，価値観に加えて，強み・能力という要素が加わって，初めて企業側に「自分が働いたら，こういうポイントで貢献できる」と自分自身を売り込むことができるようになる。

■自分の来た道を振り返る

　自己分析をするための第一歩は，「振り返ってみる」こと。

　小学校，中学校など自分のいた"場"ごとに何をしたか（部活動など），何を学んだか，交友関係はどうだったか，興味のあったこと，覚えている印象的なことを書き出してみよう。

■テストを受けてみる

　"自分では気がついていない能力"を客観的に検査してもらうことで，自分に向いている職種が見えてくる。下記の5種類が代表的なものだ。

①職業適性検査　　②知能検査　　③性格検査

④職業興味検査　　⑤創造性検査

■先輩や専門家に相談してみる

　就職活動をするうえでは，"いかに他人に自分のことをわかってもらうか"が重要なポイント。他者の視点で自分を分析してもらうことで，より客観的な視点で自己PRができるようになる。

自己分析の流れ

❑過去の経験を書いてみる

❑現在の自己イメージを明確にする…行動，考え方，好きなものなど。

❑他人から見た自分を明確にする

❑将来の自分を明確にしてみる…どのような生活をおくっていたいか。期待，夢，願望。なりたい自分はどういうものか，掘り下げて考える。→自己分析結果を，志望動機につなげていく。

01 企業の絞り込み

　志望企業の絞り込みについての考え方は大きく分けて2つある。

　第1は，同一業種の中で1次候補，2次候補……と絞り込んでいく方法。

　第2は，業種を1次，2次，3次候補と変えながら，それぞれに2社程度ずつ絞り込んでいく方法。

　第1の方法では，志望する同一業種の中で，一流企業，中堅企業，中小企業，縁故などがある歯止めの会社……というふうに絞り込んでいく。

　第2の方法では，自分が最も望んでいる業種，将来好きになれそうな業種，発展性のある業種，安定性のある業種，現在好況な業種……というふうに区別して，それぞれに適当な会社を絞り込んでいく。

02 情報の収集場所

・キャリアセンター

・新聞

・インターネット

・企業情報

『就職四季報』（東洋経済新報社刊），『日経会社情報』（日本経済新聞社刊）などの企業情報。この種の資料は本来"株式市場"についての資料だが，その時期の景気動向を含めた情報を仕入れることができる。

・**経済雑誌**

『ダイヤモンド』（ダイヤモンド社刊）や『東洋経済』（東洋経済新報社刊），『エコノミスト』（毎日新聞出版刊）など。

・OB・OG／社会人

①成長力

　まず"売上高"。次に資本力の問題や利益率などの比率。いくら資本金があっても、それを上回る膨大な借金を抱えていて、いくら稼いでも利払いに追われまくるようでは、成長できないし、安定できない。

　成長力を見るには自己資本率を割り出してみる。自己資本を総資本で割って100を掛けると自己資本率がパーセントで出てくる。自己資本の比率が高いほうが成長力もあり安定度も高い。

　利益率は純利益を売上高で割って100を掛ける。利益率が高ければ、企業はどんどん成長するし、社員の待遇も上昇する。利益率が低いということは、仕事がどんなに忙しくても利益にはつながらないということになる。

②技術力

　技術力は、短期的な見方と長期的な展望が必要になってくる。研究部門が適切な規模か、大学など企業外の研究部門との連絡があるか、先端技術の分野で開発を続けているかどうかなど。

③経営者と経営形態

　会社が将来、どのような発展をするか、または衰退するかは経営者の経営哲学、経営方針によるところが大きい。社長の経歴を知ることも必要。創始者の息子、孫といった親族が社長をしているのか、サラリーマン社長か、官庁などからの天下りかということも大切なチェックポイント。

④社風

　社風というのは先輩社員から後輩社員に伝えられ、教えられるもの。社風もいろいろな面から必ずチェックしよう。

⑤安定性

　企業が成長しているか、安定しているかということは車の両輪。どちらか片方の回転が遅くなっても企業はバランスを失う。安定し、しかも成長する。これが企業として最も理想とするところ。

⑥待遇

　初任給だけを考えてみても、それが手取りなのか、基本給なのか。基本給というのはボーナスから退職金、定期昇給の金額にまで響いてくる。また、待遇というのは給与ばかりではなく、福利厚生施設でも大きな差が出てくる。

■そのほかの会社比較の基準

1. ゆとり度

休暇制度は，企業によって独自のものを設定しているところもある。「長期休暇制度」といったものなどの制定状況と，また実際に取得できているかどうかも調べたい。

2. 独身寮や住宅設備

最近では，社宅は廃止し，住宅手当を多く出すという流れもある。寮や社宅についての福利厚生は調べておく。

3. オフィス環境

会社に根づいた慣習や社員に対する考え方が，意外にオフィスの設備やレイアウトに表れている場合がある。

たとえば，個人の専有スペースの広さや区切り方，パソコンなどOA機器の設置状況，上司と部下の机の配置など，会社によってずいぶん違うもの。玄関ロビーや受付の様子を観察するだけでも，会社ごとのカラーや特徴がどこかに見えてくる。

4. 勤務地

転勤はイヤ，どうしても特定の地域で生活していきたい。そんな声に応えて，最近は流通業などを中心に，勤務地限定の雇用制度を取り入れる企業も増えている。

---

column　初任給では分からない本当の給与

会社の給与水準には「初任給」「平均給与」「平均ボーナス」「モデル給与」など，判断材料となるいくつかのデータがある。これらのデータからその会社の給料の優劣を判断するのは非常に難しい。

たとえば中小企業の中には，初任給が飛び抜けて高い会社がときどきある。しかしその後の昇給率は大きくないのがほとんど。

一方，大手企業の初任給は業種間や企業間の差が小さく，ほとんど横並びと言っていい。そこで，「平均給与」や「平均ボーナス」などで将来の予測をするわけだが，これは一応の目安とはなるが，個人差があるので正確とは言えない。

■決定版「就職ノート」はこう作る

　1冊にすべて書き込みたいという人には、ルーズリーフ形式のノートがお勧め。会社研究、スケジュール、時事用語、OB／OG訪問、切り抜きなどの項目を作りインデックスをつける。

　カレンダー、説明会、試験などのスケジュール表を貼り、とくに会社別の説明会、面談、書類提出、試験の日程がひと目で分かる表なども作っておく。そして見開き2ページで1社を載せ、左ページに企業研究、右ページには志望理由、自己PRなどを整理する。

就職ノートの主なチェック項目

❏企業研究…資本金、業務内容、従業員数など基礎的な会社概要から、過去の採用状況、業務報告などのデータ

❏採用試験メモ…日程、条件、提出書類、採用方法、試験の傾向など

❏店舗・営業所見学メモ…流通関係、銀行などの場合は、客として訪問し、商品（値段、使用価値、ユーザーへの配慮）、店員（接客態度、商品知識、熱意、親切度）、店舗（ショーケース、陳列の工夫、店内の清潔さ）などの面をチェック

❏OB／OG訪問メモ…OB／OGの名前、連絡先、訪問日時、面談場所、質疑応答のポイント、印象など

❏会社訪問メモ…連絡先、人事担当者名、会社までの交通機関、最寄り駅からの地図、訪問のときに得た情報や印象、訪問にいたるまでの経過も記入

05 「OB／OG訪問」

　「OB／OG訪問」は，実際は採用予備選考開始。まず，OB／OG訪問を希望したら，大学のキャリアセンター，教授などの紹介で，志望企業に勤める先輩の手がかりをつかむ。もちろん直接電話なり手紙で，自分の意向を会社側に伝えてもいい。自分の在籍大学，学部をはっきり言って，「先輩を紹介していただけないでしょうか」と依頼しよう。

参考

OB／OG訪問時の質問リスト例

●採用について
- ・成績と面接の比重
- ・採用までのプロセス（日程）
- ・面接は何回あるか
- ・面接で質問される事項　etc.
- ・評価のポイント
- ・筆記試験の傾向と対策
- ・コネの効力はどうか

●仕事について
- ・内容（入社10年，20年のOB/OG）
- ・希望職種につけるのか
- ・残業，休日出勤，出張など
- ・新入社員の仕事
- ・やりがいはどうか
- ・同業他社と比較してどうか　etc.

●社風について
- ・社内のムード
- ・仕事のさせ方　etc.
- ・上司や同僚との関係

●待遇について
- ・給与について
- ・昇進のスピード
- ・福利厚生の状態
- ・離職率について　etc.

06 インターンシップ

インターンシップとは，学生向けに企業が用意している「就業体験」プログラム。ここで学生はさまざまな企業の実態をより深く知ることができ，その後の就職活動において自己分析，業界研究，職種選びなどに活かすことができる。また企業側にとっても有能な学生を発掘できるというメリットがあるため，導入する企業は増えている。

インターンシップ参加が採用につながっているケースもあるため，たくさん参加してみよう。

> ## column コネを利用するのも１つの手段？
>
> コネを活用できるのは，以下のような場合である。
>
> **・企業と大学に何らかの「連絡」がある場合**
>
> 企業の新卒採用の場合，特定校・指定校が決められていることもある。企業側が過去の実績などに基づいて決めており，大学の力が大きくものをいう。
>
> とくに理工系では，指導教授や研究室と企業との連絡が密接な場合が多く，教授の推薦が有利であることは言うまでもない。同じ大学出身の先輩とのコネも，この部類に区分できる。
>
> **・志望企業と「関係」ある人と関係がある場合**
>
> 一般的に言えば，志望企業の取り引き先関係からの紹介というのが一番多い。ただし，年間億単位の実績が必要で，しかも部長・役員以上につながっていなければコネがあるとは言えない。
>
> **・志望企業と何らかの「親しい関係」がある場合**
>
> 志望企業に勤務したりアルバイトをしていたことがあるという場合。インターンシップもここに分類される。職場にも馴染みがあり人間関係もできているので，就職に際してきわめて有利。
>
> **・志望会社に関係する人と「縁故」がある場合**
>
> 縁故を「血縁関係」とした場合，日本企業ではこのコネはかなり有効なところもある。ただし，血縁者が同じ会社にいるというのは不都合なことも多いので，どの企業も慎重。

1. 受付の様子

　受付事務がテキパキとしていて，分かりやすいかどうか。社員の態度が親切で誠意が伝わってくるかどうか。

　こういった受付の様子からでも，その会社の社員教育の程度や，新入社員採用に対する熱意とか期待を推し測ることができる。

2. 控え室の様子

　控え室が2カ所以上あって，国立大学と私立大学の訪問者とが，別々に案内されているようなことはないか。また，面談の順番を意図的に変えているようなことはないか。これはよくある例で，すでに大半は内定しているということを意味する場合が多い。

3. 社内の雰囲気

　社員の話し方，その内容を耳にはさむだけでも，社風が伝わってくる。

4. 面談の様子

　何時間も待たせたあげくに，きわめて事務的に，しかも投げやりな質問しかしないような採用担当者である場合，この会社は人事が適正に行われていないということだから，一考したほうがよい。

参考 ▶ 説明会での質問項目

・質問内容が抽象的でなく，具体性のあるものかどうか。
・質問内容は，現在の社会・経済・政治などの情況を踏まえた，
　大学生らしい高度で専門性のあるものか。
・質問をするのはいいが，「それでは，あなたの意見はどうか」と
　逆に聞かれたとき，自分なりの見解が述べられるものであるか。

提出書類を用意する

提出する書類は6種類。①〜③が大学に申請する書類，④〜⑥が自分で書く書類だ。大学に申請する書類は一度に何枚も入手しておこう。

①「卒業見込証明書」

②「成績証明書」

③「健康診断書」

④「履歴書」

⑤「エントリーシート」

⑥「会社説明会アンケート」

■自分で書く書類は「自己PR」

第1次面接に進めるか否かは「自分で書く書類」の出来にかかっている。「履歴書」と「エントリーシート」は会社説明会に行く前に準備しておくもの。「会社説明会アンケート」は説明会の際に書き，その場で提出する書類だ。

01 履歴書とエントリーシートの違い

Webエントリーを受け付けている企業に資料請求をすると，資料と一緒に「エントリーシート」が送られてくるので，応募サイトのフォームやメールでエントリーシートを送付する。Webエントリーを行っていない企業には，ハガキやメールで資料請求をする必要があるが，「エントリーシート」は履歴書とは異なり，企業が設定した設問に対して回答するもの。すなわちこれが「1次試験」であり，これにパスをした人だけが会社説明会に呼ばれる。

02 記入の際の注意点

■字はていねいに

字を書くところから，その企業に対する"本気度"は測られている。

■誤字，脱字は厳禁

使用するのは，黒のインク。

■修正液使用は不可

■数字は算用数字

■自分の広告を作るつもりで書く

自分はこういう人間であり，何がしたいかということを簡潔に書く。メリットになることだけで良い。自分に損になるようなことを書く必要はない。

■「やる気」を示す具体的なエピソードを

「私はやる気があります」「私は根気があります」という抽象的な表現だけではNG。それを示すエピソードのようなものを書かなくては意味がない。

Point

自己紹介欄の項目はすべて「自己PR」。自分はこういう人間であることを印象づけ，それがさらに企業への「志望動機」につながっていくような書き方をする。

---

column 履歴書やエントリーシートは，共通でもいい？

「履歴書」や「エントリーシート」は企業によって書き分ける。業種はもちろん，同じ業界の企業であっても求めている人材が違うからだ。各書類は提出前にコピーを取り，さらに出した企業名を忘れずに書いておくことも大切だ。

履歴書記入のPoint

写真	スナップ写真は不可。 スーツ着用で,胸から上の物を使用する。ポイントは「清潔感」。 氏名・大学名を裏書きしておく。
日付	郵送の場合は投函する日,持参する場合は持参日の日付を記入する。
生年月日	西暦は避ける。元号を省略せずに記入する。
氏名	戸籍上の漢字を使う。印鑑押印欄があれば忘れずに押す。
住所	フリガナ欄がカタカナであればカタカナで,平仮名であれば平仮名で記載する。
学歴	最初の行の中央部に「学□□歴」と2文字程度間隔を空けて,中学校卒業から大学(卒業・卒業見込み)まで記入する。 中途退学の場合は,理由を簡潔に記載する。留年は記入する必要はない。 職歴がなければ,最終学歴の一段下の行の右隅に,「以上」と記載する。
職歴	最終学歴の一段下の行の中央部に「職□□歴」と2文字程度間隔を空け記入する。 「株式会社」や「有限会社」など,所属部門を省略しないで記入する。 「同上」や「〃」で省略しない。 最終職歴の一段下の行の右隅に,「以上」と記載する。
資格・免許	4級以下は記載しない。学習中のものも記載して良い。 「普通自動車第一種運転免許」など,省略せずに記載する。
趣味・特技	具体的に(例:読書でもジャンルや好きな作家を)記入する。
志望理由	その企業の強みや良い所を見つけ出したうえで,「自分の得意な事」がどう活かせるかなどを考えぬいたものを記入する。
自己PR	応募企業の事業内容や職種にリンクするような,自分の経験やスキルなどを記入する。
本人希望欄	面接の連絡方法,希望職種・勤務地などを記入する。「特になし」や空白はNG。
家族構成	最初に世帯主を書き,次に配偶者,それから家族を祖父母,兄弟姉妹の順に。続柄は,本人から見た間柄。兄嫁は,義姉と書く。
健康状態	「良好」が一般的。

エントリーシートの記入

01 エントリーシートの目的

・応募者を，決められた採用予定者数に絞り込むこと
・面接時の資料にする

の2つ。

■知りたいのは職務遂行能力

採用担当者が学生を見る場合は，「こいつは与えられた仕事をこなせるかどうか」という目で見ている。企業に必要とされているのは仕事をする能力なのだ。

> **Point**
>
> 質問に忠実に，"自分がいかにその会社の求める人材に当てはまるか"を
> 丁寧に答えること。

02 効果的なエントリーシートの書き方

■情報を伝える書き方

課題をよく理解していることを相手に伝えるような気持ちで書く。

■文章力

大切なのは全体のバランスが取れているか。書く前に，何をどれくらいの字数で収めるか計算しておく。

「起承転結」でいえば，「起」は，文章を起こす導入部分。「承」は，起を受けて，その提起した問題に対して承認を求める部分。「転」は，自説を展開する部分。もっともオリジナリティが要求される。「結」は，最後の締めの結論部分。文章の構成・まとめる力で，総合的な能力が高いことをアピールする。

エントリーシートでよく取り上げられる題材と，その出題意図

エントリーシートで求められるものは，「自己PR」「志望動機」「将来どうなりたいか（目指すこと）」の3つに大別される。

1.「自己PR」

自己分析にしたがって作成していく。重要なのは，「なぜそうしようと思ったか？」「○○をした結果，何が変わったのか？何を得たのか？」という"連続性"が分かるかどうかがポイント。

2.「志望動機」

自己PRと一貫性を保ち，業界志望理由と企業志望理由を差別化して表現するように心がける。志望する業界の強みと弱み，志望企業の強みと弱みの把握は基本。

3.「将来の展望」

どんな社員を目指すのか，仕事へはどう臨もうと思っているか，目標は何か，などが問われる。仕事内容を事前に把握しておくだけでなく，5年後の自分，10年後の自分など，具体的な将来像を描いておくことが大切。

表現力，理解力のチェックポイント

❏文法，語法が正しいかどうか

❏論旨が論理的で一貫しているかどうか

❏1センテンスが簡潔かどうか

❏表現が統一されているかどうか（「です，ます」調か「だ，である」調か)

理論編 STEP5 面接試験の進みかた

01 個人面接

●自由面接法

　面接官と受験者のキャラクターやその場の雰囲気，質問と応答の進行具合などによって雑談形式で自由に進められる。

●標準面接法

　自由面接法とは逆に，質問内容や評価の基準などがあらかじめ決まっている。実際には自由面接法と併用で，おおまかな質問事項や判定基準，評価ポイントを決めておき，質疑応答の内容上の制限を緩和しておくスタイルが一般的。1次面接などでは標準面接法をとり，2次以降で自由面接法をとる企業も多い。

●非指示面接法

　受験者に自由に発言してもらい，面接官は話題を引き出したりするときなど，最小限の質問をするという方法。

●圧迫面接法

　わざと受験者の精神状態を緊張させ，受験者がどのような応答をするかを観察し，判定する。受験者は，冷静に対応することが肝心。

02 集団面接

　面接の方法は個人面接と大差ないが，面接官がひとつの質問をして，受験者が順にそれに答えるという方法と，面接官が司会役になって，座談会のような形式で進める方法とがある。

　座談会のようなスタイルでの面接は，なるべく受験者全員が関心をもっているような話題を取りあげ，意見を述べさせるという方法。この際，司会役以外の面接官は一言も発言せず，判定・評価に専念する。

03 グループディスカッション

　グループディスカッション（以下，GD）の時間は30〜60分程度，1グループの人数は5〜10人程度で，司会は面接官が行う場合や，時間を決めて学生が交替で行うことが多い。面接官は内容については特に指示することはなく，受験者がどのようにGDを進めるかを観察する。

　評価のポイントは，全体的には理解力，表現力，指導性，積極性，協調性など，個別的には性格，知識，適性などが観察される。

　GDの特色は，集団の中での個人ということで，受験者の能力がどの程度のものであるか，また，どのようなことに向いているかを判定できること。受験者は，グループの中における自分の位置を面接官に印象づけることが大切だ。

グループディスカッション方式の面接におけるチェックポイント

❏全体の中で適切な論点を提供できているかどうか。
❏問題解決に役立つ知識を持っているか，また提供できているかどうか。
❏もつれた議論を解きほぐし，的はずれの議論を元に引き戻す努力をしているかどうか。
❏グループ全体としての目標をいつも考えているかどうか。
❏感情的な対立や攻撃をしかけているようなことはないか。
❏他人の意見に耳を傾け，よい意見には賛意を表し，それを全体に推し広げようという寛大さがあるかどうか。
❏議論の流れを自然にリードするような主導性を持っているかどうか。
❏提出した意見が議論の進行に大きな影響を与えているかどうか。

04 面接時の注意点

●控え室

　控え室には，指定された時間の15分前には入室しよう。そこで担当の係から，面接に際しての注意点や手順の説明が行われるので，疑問点は積極的に聞くようにし，心おきなく面接にのぞめるようにしておこう。会社によっては，所定のカードに必要事項を書き込ませたり，お互いに自己紹介をさせたりする場合もある。また，この控え室での行動も細かくチェックして，合否の資料にしている会社もある。

●入室・面接開始

　係員がドアの開閉をしてくれる場合もあるが，それ以外は軽くノックして入室し，必ずドアを閉める。そして入口近くで軽く一礼し，面接官か補助員の「どうぞ」という指示で正面の席に進み，ここで再び一礼をする。そして，学校名と氏名を名のって静かに着席する。着席時は，軽く椅子にかけるようにする。

●面接終了と退室

　面接の終了が告げられたら，椅子から立ち上がって一礼し，椅子をもとに戻して，面接官または係員の指示を受けて退室する。

　その際も，ドアの前で面接官のほうを向いて頭を下げ，静かにドアを開閉する。控え室に戻ったら，係員の指示を受けて退社する。

05 面接試験の評定基準

●協調性

　企業という「集団」では，他人との協調性が特に重視される。

　感情や態度が円満で調和がとれていること，極端に好悪の情が激しくなく，物事の見方や考え方が穏健で中立であることなど，職場での人間関係を円滑に進めていくことのできる人物かどうかが評価される。

●話し方

　外観印象的には，言語の明瞭さや応答の態度そのものがチェックされる。小さな声で自信のない発言，乱暴野卑な発言は減点になる。

　考えをまとめたら，言葉を選んで話すくらいの余裕をもって，真剣に応答しようとする姿勢が重視される。軽率な応答をしたり，まして発言に矛盾を指摘されるような事態は極力避け，もしそのような状況になりそうなときは，自分の非を認めてはっきりと謝るような態度を示すべき。

●好感度

　実社会においては，外観による第一印象が，人間関係や取引に大きく影響を及ぼす。

　「フレッシュな爽やかさ」に加え，入社志望など，自分の意思や希望をより明確にすることで，強い信念に裏づけられた姿勢をアピールできるよう努力したい。

●判断力

何を質問されているのか，何を答えようとしているのか，常に冷静に判断していく必要がある。

●表現力

話に筋道が通り理路整然としているか，言いたいことが簡潔に言えるか，話し方に抑揚があり聞く者に感銘を与えるか，用語が適切でボキャブラリーが豊富かどうか。

●積極性

活動意欲があり，研究心旺盛であること，進んで物事に取り組み，創造的に解決しようとする意欲が感じられること，話し方にファイトや情熱が感じられること，など。

●計画性

見通しをもって順序よく合理的に仕事をする性格かどうか，またその能力の有無。企業の将来性のなかに，自分の将来をどうかみ合わせていこうとしているか，現在の自分を出発点として，何を考え，どんな仕事をしたいのか。

●安定性

情緒の安定は，社会生活に欠くことのできない要素。自分自身をよく知っているか，他の人に流されない信念をもっているか。

●誠実性

自分に対して忠実であろうとしているか，物事に対してどれだけ誠実な考え方をしているか。

●社会性

企業は集団活動なので，自分の考えに固執したり，不平不満が多い性格は向かない。柔軟で適応性があるかどうか。

―Point―

清潔感や明朗さ，若々しさといった外観面も重視される。

06 面接試験の質問内容

1. 志望動機

受験先の概要や事業内容はしっかりと頭の中に入れておく。また，その企業の企業活動の社会的意義と，自分自身の志望動機との関連を明確にしておく。「安定している」「知名度がある」「将来性がある」といった利己的な動機，「自

分の性格に合っている」というような，あいまいな動機では説得力がない。安定性や将来性は，具体的にどのような企業努力によって支えられているのかという考察も必要だし，それに対する受験者自身の評価や共感なども問われる。

①どうしてその業種なのか

②どうしてその企業なのか

③どうしてその職種なのか

以上の①〜③と，自分の性格や資質，専門などとの関連性を説明できるようにしておく。

自分がどうしてその会社を選んだのか，どこに大きな魅力を感じたのかを，できるだけ具体的に，情熱をもって語ることが重要。自分の長所と仕事の適性を結びつけてアピールし，仕事のやりがいや仕事に対する興味を述べるのもよい。

■複数の企業を受験していることは言ってもいい？

同じ職種，同じ業種で何社かかけもちしている場合，正直に答えてもかまわない。しかし，「第一志望はどこですか」というような質問に対して，正直に答えるべきかどうかというと，やはりこれは疑問がある。どんな会社でも，他社を第一志望にあげられれば，やはり愉快には思わない。

また，職種や業種の異なる会社をいくつか受験する場合も同様で，極端に性格の違う会社をあげれば，その矛盾を突かれるのは必至だ。

2. 仕事に対する意識・職業観

採用試験の段階では，次年度の配属予定が具体的に固まっていない会社もかなりある。具体的に職種や部署などを細分化して募集している場合は別だが，そうでない場合は，希望職種をあまり狭く限定しないほうが賢明。どの業界においても，採用後，新入社員には，研修としてその会社の各セクションをひと通り経験させる企業は珍しくない。そのうえで，具体的な配属計画を検討するのだ。

大切なことは，就職や職業というものを，自分自身の生き方の中にどう位置づけるか，また，自分の生活の中で仕事とはどういう役割を果たすのかを考えてみること。つまり自分の能力を活かしたい，社会に貢献したい，自分の存在価値を社会的に実現してみたい，ある分野で何か自分の力を試してみたい……，などの場合を考え，それを自分自身の人生観，志望職種や業種などとの関係を考えて組み立ててみる。自分の人生観をもとに，それを自分の言葉で表現できるようにすることが大切。

3. 自己紹介・自己PR

性格そのものを簡単に変えたり，欠点を克服したりすることは実際には難しいが，"仕方がない"という姿勢を見せることは禁物で，どんなささいなことでも，努力している面をアピールする。また一般的にいって，専門職を除けば，就職時になんらかの資格や技能を要求する企業は少ない。

　ただ，資格をもっていれば採用に有利とは限らないが，専門性を要する業種では考慮の対象とされるものもある。たとえば英検，簿記など。

　企業が学生に要求しているのは，4年間の勉学を重ねた学生が，どのように仕事に有用であるかということで，学生の知識や学問そのものを聞くのが目的ではない。あくまで，社会人予備軍としての謙虚さと素直さを失わないようにする。

　知識や学力よりも，その人の人間性，ビジネスマンとしての可能性を重視するからこそ，面接担当者は，学生生活全般について尋ねることで，書類だけでは分からない人間性を探ろうとする。

　何かうち込んだものや思い出に残る経験などは，その人の人間的な成長になんらかの作用を及ぼしているものだ。どんな経験であっても，そこから受けた印象や教訓などは，明確に答えられるようにしておきたい。

4. 一般常識・時事問題

　一般常識・時事問題については筆記試験の分野に属するが，面接でこうしたテーマがもち出されることも珍しくない。受験者がどれだけ社会問題に関心をもっているか，一般常識をもっているか，また物事の見方・考え方に偏りがないかなどを判定する。知識や教養だけではなく，一問一答の応答を通じて，その人の性格や適応能力まで判断されることになる。

07 面接に向けての事前準備

■面接試験1カ月前までには万全の準備をととのえる
●志望会社・職種の研究

　新聞の経済欄や経済雑誌などのほか，会社年鑑，株式情報など書物による研究をしたり，インターネットにあがっている企業情報や，検索によりさまざまな角度から調べる。すでにその会社へ就職している先輩や知人に会って知識を得たり，大学のキャリアセンターへ情報を求めるなどして総合的に判断する。

■専攻科目の知識・卒論のテーマなどの整理

大学時代にどれだけ勉強してきたか，専攻科目や卒論のテーマなどを整理しておく。

■**時事問題に対する準備**

　毎日欠かさず新聞を読む。志望する企業の話題は，就職ノートに整理するなどもアリ。

面接当日の必需品

- ❑必要書類（履歴書，卒業見込証明書，成績証明書，健康診断書，推薦状）
- ❑学生証
- ❑就職ノート（志望企業ファイル）
- ❑印鑑，朱肉
- ❑筆記用具（万年筆，ボールペン，サインペン，シャープペンなど）
- ❑手帳，ノート
- ❑地図（訪問先までの交通機関などをチェックしておく）
- ❑現金（小銭も用意しておく）
- ❑腕時計（オーソドックスなデザインのもの）
- ❑ハンカチ，ティッシュペーパー
- ❑くし，鏡（女性は化粧品セット）
- ❑シューズクリーナー
- ❑ストッキング
- ❑折りたたみ傘（天気予報をチェックしておく）
- ❑携帯電話，充電器

■一般常識試験

> 社会人として企業活動を行ううえで最低限必要となる一般常識のほか，
> 英語，国語，社会（時事問題），数学などの知識の程度を確認するもの。

　難易度はおおむね中学・高校の教科書レベル。一般常識の問題集を1冊やっておけばよいが，業界によっては専門分野が出題されることもあるため，必ず志望する企業のこれまでの試験内容は調べておく。

■一般常識試験の対策

- ・英語　慣れておくためにも，教科書を復習する，英字新聞を読むなど。
- ・国語　漢字，四字熟語，反対語，同音異義語，ことわざをチェック。
- ・時事問題　新聞や雑誌，テレビ，ネットニュースなどアンテナを張っておく。

■適性検査

　SPI（Synthetic Personality Inventory）試験（SPI3試験）とも呼ばれ，能力テストと性格テストを合わせたもの。

　能力テストでは国語能力を測る「言語問題」と，数学能力を測る「非言語問題」がある。言語的能力，知覚能力，数的能力のほか，思考・推理能力，記憶力，注意力などの問題で構成されている。

　性格テストは「はい」か「いいえ」で答えていく。仕事上の適性と性格の傾向などが一致しているかどうかをみる。

> SPIは職務への適応性を客観的にみるためのもの。

理論編 STEP 7　論作文の書き方

01 「論文」と「作文」

　一般に「論文」はあるテーマについて自分の意見を述べ，その論証をする文章で，必ず意見の主張とその論証という 2 つの部分で構成される。問題提起と論旨の展開，そして結論を書く。

　「作文」は，一般的には感想文に近いテーマ，たとえば「私の興味」「将来の夢」といったものがある。

　就職試験では「論文」と「作文」を合わせた"論作文"とでもいうようなものが出題されることが多い。

　論作文試験とは，「文章による面接」。テーマに書き手がどういう態度を持っているかを知ることが，出題の主な目的だ。受験者の知識・教養・人生観・社会観・職業観，そして将来への希望などが，どのような思考を経て，どう表現されているかによって，企業にとって，必要な人物かどうかを判断している。

　論作文の場合には，書き手の社会的意識や考え方に加え，「感銘を与える」働きが要求される。就職活動とは，企業に対し「自分をアピールすること」だということを常に念頭に置いておきたい。

Point

論文と作文の違い

	論　文	作　文
テーマ	学術的・社会的・国際的なテーマ。時事，経済問題など	個人的・主観的なテーマ。人生観，職業観など
表現	自分の意見や主張を明確に述べる。	自分の感想を述べる。
展開	四段型（起承転結）の展開が多い。	三段型（はじめに・本文・結び）の展開が多い。
文体	「だ調・である調」のスタイルが多い。	「です調・ます調」のスタイルが多い。

・テーマ

与えられた課題（テーマ）を，受験者はどのように理解しているか。

出題されたテーマの意義をよく考え，それに対する自分の意見や感情が，十分に整理されているかどうか。

・表現力

課題について本人が感じたり，考えたりしたことを，文章で的確に表しているか。

・字・用語・その他

かなづかいや送りがなが合っているか，文中で引用されている格言やことわざの類が使用法を間違えていないか，さらに誤字・脱字に至るまで，文章の基本的な力が受験者の人柄ともからんで厳密に判定される。

・オリジナリティ

魅力がある文章とは，オリジナリティを率直に出すこと。自分の感情や意見を，自分の言葉で表現する。

・生活態度

文章は，書き手の人格や人柄を映し出す。平素の社会的関心や他人との協調性，趣味や読書傾向はどうであるかといった，受験者の日常における生き方，生活態度がみられる。

・字の上手・下手

できるだけ読みやすい字を書く努力をする。また，制限字数より文章が長くなって原稿用紙の上下や左右の空欄に書き足したりすることは避ける。消しゴムで消す場合にも，丁寧に。

いずれの場合でも，表面的な文章力を問うているのではなく，受験者の人柄のほうを重視している。

マナーチェックリスト

就活において企業の人事担当は，面接試験やOG／OB訪問，そして面接試験において，あなたのマナーや言葉遣いといった，「常識力」をチェックしている。現在の自分はどのくらい「常識力」が身についているかをチェックリストで振りかえり，何ができて，何ができていないかを明確にしたうえで，今後の取り組みに生かしていこう。

評価基準　5：大変良い　4：やや良い　3：どちらともいえない　2：やや悪い　1：悪い

	項　目	評　価	メ　モ
挨拶	明るい笑顔と声で挨拶をしているか		
	相手を見て挨拶をしているか		
	相手より先に挨拶をしているか		
	お辞儀を伴った挨拶をしているか		
	直接の応対者でなくても挨拶をしているか		
表情	笑顔で応対しているか		
	表情に私的感情がでていないか		
	話しかけやすい表情をしているか		
	相手の話は真剣な顔で聞いているか		
身だしなみ	前髪は目にかかっていないか		
	髪型は乱れていないか／長い髪はまとめているか		
	髭の剃り残しはないか／化粧は健康的か		
	服は汚れていないか／清潔に手入れされているか		
	機能的で職業・立場に相応しい服装をしているか		
	華美なアクセサリーはつけていないか		
	爪は伸びていないか		
	靴下の色は適当か／ストッキングの色は自然な肌色か		
	靴の手入れは行き届いているか		
	ポケットに物を詰めすぎていないか		

	項 目	評 価	メ モ
言葉遣い	専門用語を使わず，相手にわかる言葉で話しているか		
	状況や相手に相応しい敬語を正しく使っているか		
	相手の聞き取りやすい音量・速度で話しているか		
	語尾まで丁寧に話しているか		
	気になる言葉癖はないか		
動作	物の授受は両手で丁寧に実施しているか		
	案内・指し示し動作は適切か		
	キビキビとした動作を心がけているか		
心構え	勤務時間・指定時間の5分前には準備が完了しているか		
	心身ともに健康管理をしているか		
	仕事とプライベートの切替えができているか		

☑ 常に自己点検をするクセをつけよう

「人を表情やしぐさ，身だしなみなどの見かけで判断してはいけない」と一般にいわれている。確かに，人の個性は見かけだけではなく，内面においても見いだされるもの。しかし，私たちは人を第一印象である程度決めてしまう傾向がある。それが面接試験など初対面の場合であればなおさらだ。したがって，チェックリストにあるような挨拶，表情，身だしなみ等に注意して面接試験に臨むことはとても重要だ。ただ，これらは面接試験前にちょっと対策したからといって身につくようなものではない。付け焼き刃的な対策をして面接試験に臨んでも，面接官はあっという間に見抜いてしまう。日頃からチェックリストにあるような項目を意識しながら行動することが大事であり，そうすることで，最初はぎこちない挨拶や表情等も，その人の個性に応じたすばらしい所作へ変わっていくことができるのだ。さっそく，本日から実行してみよう。

面接試験において，印象を決定づける表情はとても大事。
どのようにすれば感じのいい表情ができるのか，ポイントを確認していこう。

明るく,温和で柔らかな表情をつくろう

人間関係の潤滑油

表情に関しては，まずは豊かであるということがベースになってくる。うれしい表情，困った表情，驚いた表情など，さまざまな気持ちを表現できるということが，人間関係を潤いのあるものにしていく。

Point

　表情はコミュニケーションの大前提。相手に「いつでも話しかけてくださいね」という無言の言葉を発しているのが，就活に求められる表情だ。面接官が安心してコミュニケーションをとろうと思ってくれる表情。それが，明るく，温和で柔らかな表情となる。

カンタンTraining

Training 01

喜怒哀楽を表してみよう

- 人との出会いを楽しいと思うことが表情の基本
- 表情を豊かにする大前提は相手の気持ちに寄り添うこと
- 目元・口元だけでなく，眉の動きを意識することが大事

Training 02

表情筋のストレッチをしよう

- 表情筋は「ウイスキー」の発音によって鍛える
- 意識して毎日，取り組んでみよう
- 笑顔の共有によって相手との距離が縮まっていく

コミュニケーションは挨拶から始まり，その挨拶ひとつで印象は変わるもの。ポイントを確認していこう。

丁寧にしっかりと
はっきり挨拶をしよう

人間関係の第一歩

挨拶は心を開いて，相手に近づくコミュニケーションの第一歩。たかが挨拶，されど挨拶の重要性をわきまえて，きちんとした挨拶をしよう。形，つまり"技"も大事だが，心をこめることが最も重要だ。

Point

　挨拶はコミュニケーションの第一歩。相手が挨拶するのを待っているのは望ましくない。挨拶の際のポイントは丁寧であることと，はっきり声に出すことの2つ。丁寧な挨拶は，相手を大事にして迎えている気持ちの表れとなる。はっきり声に出すことで，これもきちんと相手を迎えていることが伝わる。また，相手もその応答として挨拶してくれることで，会ってすぐに双方向のコミュニケーションが成立する。

いますぐデキる
カンタンTraining

3つのお辞儀をマスターしよう

① 会釈（15度）　② 敬礼（30度）　③ 最敬礼（45度）

・息を吸うことを意識してお辞儀をするとキレイな姿勢に
・目線は真下ではなく，床前方1.5m先ぐらいを見よう
・相手への敬意を忘れずに

対面時は言葉が先，お辞儀が後

・相手に体を向けて先に自ら挨拶をする
・挨拶時，相手とアイコンタクトを
　しっかり取ろう
・挨拶の後に，お辞儀をする。
　これを「語先後礼」という

コミュニケーションは「話す」よりも「聞く」ことといわれる。相手が話しやすい聞き方の，ポイントを確認しよう。

受容の立場で
傾聴しよう

相手の話を受けとめる

話を聞くときは，やや前に傾く姿勢をとる。表情と姿勢が合わさることにより，話し手の心が開き「あれも，これも話そう」という気持ちになっていく。また，「はい」と一度のお辞儀で頷くと相手の話を受け止めているというメッセージにつながる。

Point

　話をすること，話を聞いてもらうことは誰にとってもプレッシャーを伴うもの。そのため，「何でも話して良いんですよ」「何でも話を聞きますよ」「心配しなくて良いんですよ」という気持ちで聞くことが大切になる。その気持ちが聞く姿勢に表れれば，相手は安心して話してくれる。

いますぐデキる

カンタンTraining

Training 01

頷きは一度で

- 相手が話した後に「はい」と
  一言発する
- 頷きすぎは逆効果

Training 02

目線は自然に

- 鼻の付け根あたりを見ると
  自然な印象に
- 目を見つめすぎるのはNG

Training 03

話の句読点で視線を移す

- 視線は話している人を見ることが基本
- 複数の人の話を聞くときは句読点を意識し、
  視線を振り分けることで聞く姿勢を表す

伝わる話し方

自分の意思を相手に明確に伝えるためには，話し方が重要となる。はっきりと的確に話すためのポイントを確認しよう。

明るい発声を
心がけよう

ボリュームを意識して

話すときのポイントとしては，ボリュームを意識することが挙げられる。会議室の一番奥にいる人に声が届くように意識することで，声のボリュームはコントロールされていく。

Point

　コミュニケーションとは「伝達」すること。どのようなことも，適当に伝えるのではなく，伝えるべきことがきちんと相手に届くことが大切になる。そのためには，はっきりと，分かりやすく，丁寧に，心を込めて話すこと。言葉だけでなく，表情やジェスチャーを加えることも有効。

いますぐデキる
カンタンTraining

Training **01**

腹式呼吸で発声練習

- 「あえいうえおあお」と発声する
- 腹式呼吸は，胸部をなるべく動かさずに，息を吸うときにお腹や腰が膨らむよう意識する呼吸法

Training **02**

早口言葉にチャレンジ

> おあやや
> 母親に
> お謝り

- 「おあやや，母親に，お謝り」と早口で
- 口がすぼまった「お」と口が開いた「あ」の発音に，変化をつけられるかがポイント

Training **03**

ジェスチャーを有効活用

- 腰より上でジェスチャーをする
- 体から離した位置に手をもっていく
- ジェスチャーをしたら戻すところをさだめておく

身だしなみはその人自身を表すもの。身だしなみの基本について，ポイントを確認しよう。

清潔感,さわやかさを 醸し出せるようにしよう

プロの企業人に ふさわしい身だしなみを

信頼感，安心感をもたれる身だしなみを考えよう。TPOに合わせた服装は，すなわち "礼" を表している。そして，身だしなみには，「清潔感」，「品のよさ」，「控え目である」という，3つのポイントがある。

Point

相手との心理的な距離や物理的な距離が遠ければ，コミュニケーションは成立しにくくなる。見た目が不潔では誰も近付いてこない。身だしなみが清潔であること，爽やかであることは相手との距離を縮めることにも繋がる。

いますぐデキる

カンタンTraining

Training 01

髪型，服装を整えよう

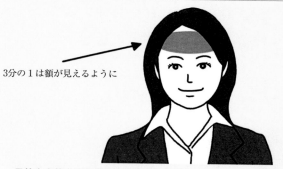

3分の1は額が見えるように

- 男性も女性も眉が見える髪型が望ましい。3分の1は額が見えるように。額は知性と清潔感を伝える場所。男性の髪の長さは耳や襟にかからないように
- スーツで相手の前に立つときは，ボタンはすべて留める。男性の場合は下のボタンは外す

Training 02

おしゃれとの違いを明確に

- 爪はできるだけ切りそろえる
- 爪の中の汚れにも注意
- ジェルネイル，ネイルアートはNG

Training 03

足元にも気を配って

- 女性の場合はパンプス，男性の場合は黒の紐靴が望ましい
- 靴はこまめに汚れを落とし見栄えよく

姿勢にはその人の意欲が反映される。前向き，活動的な姿勢を表すにはどうしたらよいか，ポイントを確認しよう。

前向き,活動的な 姿勢を維持しよう

一直線と左右対称

正しい立ち姿として，耳，肩，腰，くるぶしを結んだ線が一直線に並んでいることが最大のポイントになる。そのラインが直線に近づくほど立ち姿がキレイに整っていることになる。また，"左右対称"というのもキレイな姿勢の要素のひとつになる。

Point

　姿勢は，身体と心の状態を反映するもの。そのため，良い姿勢でいることは，印象が清々しいだけでなく，健康で元気そうに見え，話しかけやすさにも繋がる。歩く姿勢，立つ姿勢，座る姿勢など，どの場面にも心身の健康状態が表れるもの。日頃から心身の健康状態に気を配り，フィジカルとメンタル両面の自己管理を心がけよう。

いますぐデキる
カンタンTraining

Training **01**

キレイな歩き方を心がけよう

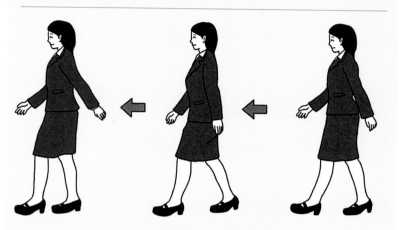

・女性は1本の線上を，男性はそれよりも太い線上を沿うように歩く
・一歩踏み出したときに前の足に体重を乗せるように，腰から動く
・12時の方向につま先をもっていく

Training **02**

前向きな気持ちを持とう

・常に前向きな気持ちが姿勢を正す
・ポジティブ思考を心がけよう

言葉遣いの正しさはとは，場面にあった言葉を遣うということ。相手を気づかいながら，言葉を選ぶことで，より正しい言葉に近づいていく。

相手と場面に合わせた
ふさわしい言葉遣いを

> 次の文は接客の場面でよくある間違えやすい敬語です。
> それぞれの言い方は○×どちらでしょうか。
>
> 問1 「資料をご拝読いただきありがとうございます」
>
> 問2 「こちらのパンフレットはもういただかれましたか？」
>
> 問3 「恐れ入りますが，こちらの用紙にご記入してください」
>
> 問4 「申し訳ございませんが，来週，休ませていただきます」
>
> 問5 「先ほどの件，帰りましたら上司にご報告いたしますので」

Point

　ビジネスのシーンに敬語は欠くことができない。何度もやり取りをしていく中で，親しさの度合いによっては，あえてくだけた表現を用いることもあるが，「親しき仲にも礼儀あり」と言われるように，敬意や心づかいをおろそかにしてはいけないもの。相手に誤解されたり，相手の気分を壊すことのないように，相手や場面にふさわしい言葉遣いが大切になる。

解答と解説

問1　(×)　○正しい言い換え例

→「ご覧いただきありがとうございます」など

「拝読」は自分が「読む」意味の謙譲語なので，相手の行為に使うのは誤り。読むと見るは同義なため，多く，見るの尊敬語「ご覧になる」が用いられる。

問2　(×)　○正しい言い換え例

→「お持ちですか」「お渡ししましたでしょうか」　など

「いただく」は，食べる・飲む・もらうの謙譲語。「もらったかどうか」と聞きたいのだから，「おもらいになりましたか」と言えないこともないが，持っているかどうか，受け取ったかどうかという意味で「お持ちですか」などが使われることが多い。また，自分側が渡すような場合は，「お渡しする」を使って「お渡ししましたでしょうか」などの言い方に換えることもできる。

問3　(×)　○正しい言い換え例

→「恐れ入りますが，こちらの用紙にご記入ください」など

「ご記入する」の「お（ご）〜する」は謙譲語の形。相手の行為を謙譲語で表すことになるため誤り。「して」を取り除いて「ご記入ください」か，和語に言い換えて「お書きください」とする。ほかにも「お書き／ご記入・いただけますでしょうか・願います」などの表現もある。

問4　(△)

有給休暇を取る場合や，弔事等で休むような場面で，用いられることも多い。「休ませていただく」ということで一見丁寧に響くが，「来週休むと自分で休みを決めている」という勝手な表現にも受け取られかねない言葉だ。ここは同じ「させていただく」を用いても，相手の都合をうかがう言い方に換えて「○○がございまして，申し訳ございませんが，休みをいただいてもよろしいでしょうか」などの言い換えが好ましい。

問5　(×)　○正しい言い換え例

→「上司に報告いたします」

「ご報告いたします」は，ソトの人との会話で使うとするならば誤り。「ご報告いたします」の「お・ご〜いたす」は，「お・ご〜する」と「〜いたす」という2つの敬語を含む言葉。そのうちの「お・ご〜する」は，主語である自分を低めて相手＝上司を高める働きをもつ表現（謙譲語Ⅰ）。一方「〜いたす」は，主語の私を低めて，話の聞き手に対して丁重に述べる働きをもつ表現（謙譲語Ⅱ　丁重語）。「お・ご〜する」も「〜いたす」も同じ謙譲語であるため紛らわしいが，主語を低める（謙譲）という働きは同じでも，行為の相手を高める働きがあるかないかという点に違いがあるといえる。

敬語は正しく使用することで，相手の印象を大きく変えることができる。尊敬語，謙譲語の区別をはっきりつけて，誤った用法で話すことのないように気をつけよう。

言葉の使い方が
マナーを表す!

■よく使われる尊敬語の形　「言う・話す・説明する」の例

専用の尊敬語型	おっしゃる
～れる・～られる型	言われる・話される・説明される
お（ご）～になる型	お話しになる・ご説明になる
お（ご）～なさる型	お話しなさる・ご説明なさる

■よく使われる謙譲語の形　「言う・話す・説明する」の例

専用の謙譲語型	申す・申し上げる
お（ご）～する型	お話しする・ご説明する
お（ご）～いたす型	お話しいたします・ご説明いたします

Point

　同じ尊敬語・謙譲語でも，よく使われる代表的な形がある。ここではその一例をあげてみた。敬語の使い方に迷ったときなどは，まずはこの形を思い出すことで，大抵の語はこの型にはめ込むことができる。同じ言葉を用いたほうがよりわかりやすいといえるので，同義に使われる「言う・話す・説明する」を例に考えてみよう。

　ほかにも「お話しくださる」や「お話しいただく」「お元気でいらっしゃる」などの形もあるが，まずは表の中の形を見直そう。

■よく使う動詞の尊敬語・謙譲語

なお，尊敬語の中の「言われる」などの「れる・られる」を付けた形は省力している。

基本	尊敬語（相手側）	謙譲語（自分側）
会う	お会いになる	お目にかかる・お会いする
言う	おっしゃる	申し上げる・申す
行く・来る	いらっしゃる おいでになる お見えになる お越しになる お出かけになる	伺う・参る お伺いする・参上する
いる	いらっしゃる・おいでになる	おる
思う	お思いになる	存じる
借りる	お借りになる	拝借する・お借りする
聞く	お聞きになる	拝聴する 拝聞する お伺いする・伺う お聞きする
知る	ご存じ（知っているという意で）	存じ上げる・存じる
する	なさる	いたす
食べる・飲む	召し上がる・お召し上がりになる お飲みになる	いただく・頂戴する
見る	ご覧になる	拝見する
読む	お読みになる	拝読する

「お伺いする」「お召し上がりになる」などは，「伺う」「召し上がる」自体が敬語なので「二重敬語」ですが，慣習として定着しており間違いではないもの。

―Point―

　上記の「敬語表」は，よく使うと思われる動詞をそれぞれ尊敬語・謙譲語で表したもの。このように大体の言葉は型にあてはめることができる。言葉の中には「お（ご）」が付かないものもあるが，その場合でも「〜なさる」を使って，「スピーチなさる」や「運営なさる」などと言うことができる。また，表では，「言う」の尊敬語「言われる」の例は省いているが，れる・られる型の「言われる」よりも「おっしゃる」「お話しになる」「お話しなさる」などの言い方のほうが，より敬意も高く，言葉としても何となく響きが落ち着くといった印象を受けるものとなる。

会話は相手があってのこと。いかなる場合でも，相手に対する心くばりを忘れないことが，会話をスムーズに進めるためのコツになる。

心くばりを添えるひと言で
言葉の印象が変わる！

　相手に何かを頼んだり，また相手の依頼を断ったり，相手の抗議に対して反論したりする場面では，いきなり自分の意見や用件を切り出すのではなく，場面に合わせて心くばりを伝えるひと言を添えてから本題に移ると，響きがやわらかくなり，こちらの意向も伝えやすくなる。俗にこれは「クッション言葉」と呼ばれている。（右表参照）

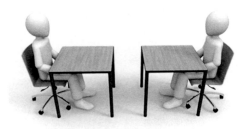

Point

　ビジネスの場面で，相手と話したり手紙やメールを送る際には，何か依頼事があってという場合が多いもの。その場合に「ちょっとお願いなんですが…」では，ふだんの会話と変わりがないものになってしまう。そこを「突然のお願いで恐れ入りますが」「急にご無理を申しまして」「こちらの勝手で恐縮に存じますが」「折り入ってお願いしたいことがございまして」などの一言を添えることで，直接的なきつい感じが和らぐだけでなく，「申し訳ないのだけれど，もしもそうしていただくことができればありがたい」という，相手への配慮や願いの気持ちがより強まる。このような前置きの言葉もうまく用いて，言葉に心くばりを添えよう。

相手の意向を尋ねる場合	「よろしければ」「お差し支えなければ」 「ご都合がよろしければ」「もしお時間がありましたら」 「もしお嫌いでなければ」「ご興味がおありでしたら」
相手に面倒を かけてしまうような場合	「お手数をおかけしますが」 「ご面倒をおかけしますが」 「お手を煩わせまして恐縮ですが」 「お忙しい時に申し訳ございませんが」 「お時間を割いていただき申し訳ありませんが」 「貴重なお時間を頂戴し恐縮ですが」
自分の都合を 述べるような場合	「こちらの勝手で恐縮ですが」 「こちらの都合（ばかり）で申し訳ないのですが」 「私どもの都合ばかりを申しまして，まことに申し訳なく存じますが」 「ご無理を申し上げまして恐縮ですが」
急な話をもちかけた場合	「突然のお願いで恐れ入りますが」 「急にご無理を申しまして」 「もっと早くにご相談申し上げるべきところでございましたが」 「差し迫ってのことでまことに申し訳ございませんが」
何度もお願いする場合	「たびたびお手数をおかけしまして恐縮に存じますが」 「重ね重ね恐縮に存じますが」 「何度もお手を煩わせまして申し訳ございませんが」 「ご面倒をおかけしてばかりで，まことに申し訳ございませんが」
難しいお願いをする場合	「ご無理を承知でお願いしたいのですが」 「たいへん申し上げにくいのですが」 「折り入ってお願いしたいことがございまして」
あまり親しくない相手に お願いする場合	「ぶしつけなお願いで恐縮ですが」 「ぶしつけながら」 「まことに厚かましいお願いでございますが」
相手の提案・誘いを断る場合	「申し訳ございませんが」 「（まことに）残念ながら」 「せっかくのご依頼ではございますが」 「たいへん恐縮ですが」 「身に余るお言葉ですが」 「まことに失礼とは存じますが」 「たいへん心苦しいのですが」 「お引き受けしたいのはやまやまですが」
問い合わせの場合	「つかぬことをうかがいますが」 「突然のお尋ねで恐縮ですが」

ここでは文章の書き方における，一般的な敬称について言及している。はがき，手紙，メール等，通信手段はさまざま。それぞれの特性をふまえて有効活用しよう。

相手の気持ちになって
見やすく美しく書こう

■敬称のいろいろ

敬称	使う場面	例
様	職名・役職のない個人	（例）飯田知子様／ご担当者様／経理部長　佐藤一夫様
殿	職名・組織名・役職のある個人（公用文など）	（例）人事部長殿／教育委員会殿／田中四郎殿
先生	職名・役職のない個人	（例）松井裕子先生
御中	企業・団体・官公庁などの組織	（例）○○株式会社御中
各位	複数あてに同一文書を出すとき	（例）お客様各位／会員各位

Point

　封筒・はがきの表書き・裏書きは縦書きが基本だが，洋封筒で親しい人にあてる場合は，横書きでも問題ない。いずれにせよ，定まった位置に，丁寧な文字でバランス良く，正確に記すことが大切。特に相手の住所や名前を乱雑な文字で書くのは，配達の際の間違いを引き起こすだけでなく，受け取る側に不快な思いをさせる。相手の気持ちになって，見やすく美しく書くよう心がけよう。

■各通信手段の長所と短所

	長所	短所	用途
封書	・封を開けなければ本人以外の目に触れることがない。 ・丁寧な印象を受ける。	・多量の資料・画像送付には不向き。 ・相手に届くまで時間がかかる。	・儀礼的な文書(礼状・わび状など) ・目上の人あての文書 ・重要な書類 ・他人に内容を読まれたくない文書
はがき・カード	・封書よりも気軽にやり取りできる。 ・年賀状や季節の便り, 旅先からの連絡など絵はがきとしても楽しむことができる。	・封に入っていないため, 第三者の目に触れることがある。 ・中身が見えるので, 改まった礼状やわび状, こみ入った内容には不向き。 ・相手に届くまで時間がかかる。	・通知状　　　・案内状 ・送り状　　　・旅先からの便り ・各種お祝い　・お礼 ・季節の挨拶
FAX	・手書きの図やイラストを文章といっしょに送れる。 ・すぐに届く。 ・控えが手元に残る。	・多量の資料の送付には不向き。 ・事務的な用途で使われることが多く, 改まった内容の文書, 初対面の人へは不向き。	・地図, イラストの入った文書 ・印刷物 (本・雑誌など)
電話	・急ぎの連絡に便利。 ・相手の反応をすぐに確認できる。 ・直接声が聞けるので, 安心感がある。	・連絡できる時間帯が制限される。 ・長々としたこみ入った内容は伝えづらい。	・緊急の用件 ・確実に用件を伝えたいとき
メール	・瞬時に届く。　・控えが残る。 ・コストが安い。 ・大容量の資料や画像をデータで送ることができる。 ・一度に大勢の人に送ることができる。 ・相手の居場所や状況を気にせず送れる。	・事務的な印象を与えるので, 改まった礼状やわび状には不向き。 ・パソコンや携帯電話を持っていない人には送れない。 ・ウィルスなどへの対応が必要。	・データで送りたいとき ・ビジネス上の連絡

Point

　はがきは手軽で便利だが, おわびやお願い, 格式を重んじる手紙には不向きとなる。この種の手紙は内容もこみ入ったものとなり, 加えて丁寧な文章で書かなければならないので, 数行で済むことはまず考えられない。また, 封筒に入っていないため, 他人の目に触れるという難点もある。このように, はがきにも長所と短所があるため, 使う場面や相手によって, 他の通信手段と使い分けることが必要となる。

　はがき以外にも, 封書・電話・FAX・メールなど, 現代ではさまざまな通信手段がある。上に示したように, それぞれ長所と短所があるので, 特徴を知って用途によって上手に使い分けよう。

社会人のマナーとして，電話応対のスキルは必要不可欠。まずは失礼なく電話に出ることからはじめよう。積極性が重要だ。

相手の顔が見えない分
対応には細心の注意を

■電話をかける場合

① ○○先生に電話をする

× 「私，□□社の××と言いますが，○○様はおられますでしょうか？」

○ **「××と申しますが，○○様はいらっしゃいますか？」**

「おられますか」は「おる」を謙譲語として使うため，通常は相手がいるかどうかに関しては，「いらっしゃる」を使うのが一般的。

② 相手の状況を確かめる

× 「こんにちは，××です，先日のですね…」

○ **「××です，先日は有り難うございました，今お時間よろしいでしょうか？」**

相手が忙しくないかどうか，状況を聞いてから話を始めるのがマナー。また，やむを得ず夜間や早朝，休日などに電話をかける際は，「夜分（朝早く）に申し訳ございません」「お休みのところ恐れ入ります」などのお詫びの言葉もひと言添えて話す。

③ 相手が不在，何時ごろ戻るかを聞く場合

× 「戻りは何時ごろですか？」

○ **「何時ごろお戻りになりますでしょうか？」**

「戻り」はそのままの言い方，相手にはきちんと尊敬語を使う。

④ また自分からかけることを伝える

× 「そうですか，ではまたかけますので」

○ **「それではまた後ほど（改めて）お電話させていただきます」**

戻る時間がわかる場合は，「またお戻りになりましたころにでも」「また午後にでも」などの表現もできる。

■電話を受ける場合

① 電話を取ったら

× 「はい，もしもし，○○（社名）ですが」

○ 「はい，○○（社名）でございます」

② 相手の名前を聞いて

× 「どうも，どうも」

○ 「いつもお世話になっております」

あいさつ言葉として定着している決まり文句ではあるが，日頃のお付き合いがあってこそ。あいさつ言葉もきちんと述べよう。「お世話様」という言葉も時折耳にするが，敬意が軽い言い方となる。適切な言葉を使い分けよう。

③ 相手が名乗らない

× 「どなたですか？」「どちらさまですか？」

○ 「失礼ですが，お名前をうかがってもよろしいでしょうか？」

名乗るのが基本だが，尋ねる態度も失礼にならないように適切な応対を心がけよう。

④ 電話番号や住所を教えてほしいと言われた場合

× 「はい，いいでしょうか？」　　× 「メモのご用意は？」

○ 「はい，申し上げます，よろしいでしょうか？」

「メモのご用意は？」は，一見親切なようにも聞こえるが，尋ねる相手も用意していることがほとんど。押し付けがましくならない程度に。

⑤ 上司への取次を頼まれた場合

× 「はい，今代わります」　　× 「○○部長ですね，お待ちください」

○ 「部長の○○でございますね，ただいま代わりますので，少々お待ちくださいませ」

○○部長という表現は，相手側の言い方となる。自分側を述べる場合は，「部長の○○」「○○」が適切。

Point

自分から電話をかける場合は，まずは自分の会社名や氏名を名乗るのがマナー。たとえ目的の相手が直接出た場合でも，電話では相手の様子が見えないことがほとんど。自分の勝手な判断で話し始めるのではなく，相手の都合を伺い，そのうえで話を始めるのが社会人として必要な気配りとなる。

デキるオトナをアピール
時候の挨拶

月	漢語調の表現 候、みぎりなどを付けて用いられます	口語調の表現
1月 (睦月)	初春・新春・頌春・小寒・大寒・厳寒	皆様におかれましては，よき初春をお迎えのことと存じます／厳しい寒さが続いております／珍しく暖かな寒の入りとなりました／大寒という言葉通りの厳しい寒さでございます
2月 (如月)	春寒・余寒・残寒・立春・梅花・向春	立春とは名ばかりの寒さ厳しい毎日でございます／梅の花もちらほらとふくらみ始め，春の訪れを感じる今日この頃です／春の訪れが待ち遠しいのごろでございます
3月 (弥生)	早春・浅春・春寒・春分・春暖	寒さもようやくゆるみ，日ましに春めいてまいりました／ひと雨ごとに春めいてまいりました／日増しに暖かさが加わってまいりました
4月 (卯月)	春暖・陽春・桜花・桜花爛漫	桜花爛漫の季節を迎えました／春光うららかな好季節となりました／花冷えとでも申しましょうか，何だか肌寒い日が続いております
5月 (皐月)	新緑・薫風・惜春・晩春・立夏・若葉	風薫るさわやかな季節を迎えました／木々の緑が目にまぶしいようでございます／目に青葉，山ほととぎす，初鰹の句も思い出される季節となりました
6月 (水無月)	梅雨・向暑・初夏・薄暑・麦秋	初夏の風もさわやかな毎日でございます／梅雨前線が近づいてまいりました／梅雨の晴れ間にのぞく青空は，まさに夏を思わせるようです
7月 (文月)	盛夏・大暑・炎暑・酷暑・猛暑	梅雨が明けたとたん，うだるような暑さが続いております／長い梅雨も明け，いよいよ本格的な夏がやってまいりました／風鈴の音がわずかに涼を運んでくれているようです
8月 (葉月)	残暑・晩夏・処暑・秋暑	立秋とはほんとうに名ばかりの厳しい暑さの毎日です／残暑たえがたい毎日でございます／朝夕はいくらかしのぎやすくなってまいりました
9月 (長月)	初秋・新秋・爽秋・新涼・清涼	九月に入りましてもなお，日差しの強い毎日です／暑さもやっとおとろえはじめたようでございます／残暑も去り，ずいぶんとしのぎやすくなってまいりました
10月 (神無月)	清秋・錦秋・秋涼・秋冷・寒露	秋風もさわやかな過ごしやすい季節となりました／街路樹の葉も日ごとに色を増しております／紅葉の便りの聞かれるころとなりました／秋深く，日増しに冷気も加わってまいりました
11月 (霜月)	晩秋・暮秋・霜降・初霜・向寒	立冬を迎え，まさに冬到来を感じる寒さです／木枯らしの季節になりました／日ごとに冷気が増すようでございます／朝夕はひときわ冷え込むようになりました
12月 (師走)	寒冷・初冬・師走・歳晩	師走を迎え，何かと慌ただしい日々をお過ごしのことと存じます／年の瀬も押しつまり，何かとお忙しくお過ごしのことと存じます／今年も残すところわずかとなりました，お忙しい毎日とお察しいたします

いますぐデキる
シチュエーション別会話例

シチュエーション1　取引先との会話

「非常に素晴らしいお話で感心しました」→NG！

　「感心する」は相手の立派な行為や，優れた技量などに心を動かされるという意味。意味としては間違いではないが，目上の人に用いると，偉そうに聞こえかねない表現。「感動しました」などに言い換えるほうが好ましい。

シチュエーション2　子どもとの会話

「お母さんは，明日はいますか？」→NG！

　たとえ子どもとの会話でも，子どもの年齢によっては，ある程度の敬語を使うほうが好ましい。「明日はいらっしゃいますか」では，むずかしすぎると感じるならば，「お出かけですか」などと表現することもできる。

シチュエーション3　同僚との会話

「今，お暇ですか」→NG？

　同じ立場同士なので，暇に「お」が付いた形で「お暇」ぐらいでも構わないともいえるが，「暇」というのは，するべきことも何もない時間という意味。そのため「お暇ですか」では，あまりにも直接的になってしまう。その意味では「手が空いている」→「空いていらっしゃる」→「お手透き」などに言い換えることで，やわらかく敬意も含んだ表現になる。

シチュエーション4　上司との会話

「なるほどですね」→NG！

　「なるほど」とは，相手の言葉を受けて，自分も同意見であることを表すため，相手の言葉・意見を自分が評価するというニュアンスも含まれている。そのため自分が評価して述べているという偉そうな表現にもなりかねない。同じ同意ならば，頷き「おっしゃる通りです」などの言葉のほうが誤解なく伝わる。

就活スケジュールシート

■年間スケジュールシート

1月	2月	3月	4月	5月	6月
企業関連スケジュール					
自己の行動計画					

就職活動をすすめるうえで，当然重要になってくるのは，自己のスケジュール管理だ。企業の選考スケジュールを把握することも大切だが，自分のペースで進めることになる自己分析や業界・企業研究，面接試験のトレーニング等の計画を立てることも忘れてはいけない。スケジュールシートに「記入」する作業を通して，短期・長期の両方の面から就職試験を考えるきっかけにしよう。

7月	8月	9月	10月	11月	12月
企業関連スケジュール					
自己の行動計画					

会社別就活ハンドブックシリーズ

日清食品グループの
就活ハンドブック

編　者	就職活動研究会
発　行	令和 6 年 2 月 25 日
発行者	小貫輝雄
発行所	協同出版株式会社

〒 101−0054
東京都千代田区神田錦町2−5
　電話　03−3295−1341
　振替　東京00190−4−94061

印刷所　協同出版・POD 工場

落丁・乱丁はお取り替えいたします

●2025年度版●
会社別就活ハンドブックシリーズ
【全111点】

運　輸

東日本旅客鉄道の就活ハンドブック

東海旅客鉄道の就活ハンドブック

西日本旅客鉄道の就活ハンドブック

東京地下鉄の就活ハンドブック

小田急電鉄の就活ハンドブック

阪急阪神 HD の就活ハンドブック

商船三井の就活ハンドブック

日本郵船の就活ハンドブック

機　械

三菱重工業の就活ハンドブック

川崎重工業の就活ハンドブック

IHI の就活ハンドブック

島津製作所の就活ハンドブック

浜松ホトニクスの就活ハンドブック

村田製作所の就活ハンドブック

クボタの就活ハンドブック

金　融

三菱 UFJ 銀行の就活ハンドブック

三菱 UFJ 信託銀行の就活ハンドブック

みずほ FG の就活ハンドブック

三井住友銀行の就活ハンドブック

三井住友信託銀行の就活ハンドブック

野村證券の就活ハンドブック

りそなグループの就活ハンドブック

ふくおか FG の就活ハンドブック

日本政策投資銀行の就活ハンドブック

建設・不動産

三菱地所の就活ハンドブック

三井不動産の就活ハンドブック

積水ハウスの就活ハンドブック

大和ハウス工業の就活ハンドブック

鹿島建設の就活ハンドブック

大成建設の就活ハンドブック

清水建設の就活ハンドブック

資源・素材

旭旭化成グループの就活ハンドブック

東レの就活ハンドブック

ワコールの就活ハンドブック

関西電力の就活ハンドブック

日本製鉄の就活ハンドブック

中部電力の就活ハンドブック

九州電力の就活ハンドブック

自動車

トヨタ自動車の就活ハンドブック

本田技研工業の就活ハンドブック

デンソーの就活ハンドブック

日産自動車の就活ハンドブック

商　社

三菱商事の就活ハンドブック

住友商事の就活ハンドブック

丸紅の就活ハンドブック

三井物産の就活ハンドブック

伊藤忠商事の就活ハンドブック

双日の就活ハンドブック

豊田通商の就活ハンドブック

情報通信・IT

NTT データの就活ハンドブック

NTT ドコモの就活ハンドブック

野村総合研究所の就活ハンドブック

日本電信電話の就活ハンドブック

KDDI の就活ハンドブック

ソフトバンクの就活ハンドブック

楽天の就活ハンドブック

mixi の就活ハンドブック

グリーの就活ハンドブック

サイバーエージェントの就活ハンドブック

LINE ヤフーの就活ハンドブック

SCSK の就活ハンドブック

富士ソフトの就活ハンドブック

日本オラクルの就活ハンドブック

GMO インターネットグループ

オービックの就活ハンドブック

DTS の就活ハンドブック

TIS の就活ハンドブック

食品・飲料

サントリー HD の就活ハンドブック

味の素の就活ハンドブック

キリン HD の就活ハンドブック

アサヒグループ HD の就活ハンドブック

日本たばこ産業 の就活ハンドブック

日清食品グループの就活ハンドブック

山崎製パンの就活ハンドブック

キユーピーの就活ハンドブック

生活用品

資生堂の就活ハンドブック

花王の就活ハンドブック

武田薬品工業の就活ハンドブック

電気機器

三菱電機の就活ハンドブック

ダイキン工業の就活ハンドブック

ソニーの就活ハンドブック

日立製作所の就活ハンドブック

ＮＥＣの就活ハンドブック

富士フイルム HD の就活ハンドブック

パナソニックの就活ハンドブック

富士通の就活ハンドブック

キヤノンの就活ハンドブック

京セラの就活ハンドブック

オムロンの就活ハンドブック

キーエンスの就活ハンドブック

保　険

東京海上日動火災保険の就活ハンドブック

第一生命ホールディングスの就活ハンドブック

三井住友海上火災保険の就活ハンドブック

損保ジャパンの就活ハンドブック

メディア

日本印刷の就活ハンドブック

博報堂 DY の就活ハンドブック

TOPPAN ホールディングスの就活ハンドブック

エイベックスの就活ハンドブック

東宝の就活ハンドブック

流通・小売

ニトリ HD の就活ハンドブック

イオンの就活ハンドブック

ZOZO の就活ハンドブック

エンタメ・レジャー

オリエンタルランドの就活ハンドブック

アシックスの就活ハンドブック

バンダイナムコ HD の就活ハンドブック

コナミグループの就活ハンドブック

スクウェア・エニックス HD の就活ハンドブック

任天堂の就活ハンドブック

カプコンの就活ハンドブック

セガサミー HD の就活ハンドブック

タカラトミーの就活ハンドブック

▼会社別就活ハンドブックシリーズにつきましては，協同出版
のホームページからもご注文ができます。詳細は下記のサイ
トでご確認下さい。
https://kyodo-s.jp/examination_company